JUSQUE DANS UNE AUTRE VIE

De la même autrice :

Voyage en Mère, auto-édition, 2016
La Petite Graine qui n'avait pas poussé, auto-édition, 2021

JUSQUE DANS UNE AUTRE VIE

Aurélie Bianchi

Mentions légales

Bianchi Aurélie
2 ter rue du moulin 33 470 Le Teich

www.aureliebianchi.com
Instagram : @aurelie_histoires_de_plumes
Facebook : Aurélie, Histoires de Plumes -autrice et formatrice

SIRET : 804 643 401 00024
ISBN : 9798863982250
Date du dépôt légal : octobre 2023

Couverture réalisée par Violette Veniel
@lesdessinsdeflora

Chère lectrice, cher lecteur,

Je suis si honorée de te faire découvrir mon premier vrai roman, après le conte *Voyage en Mère* et le livre jeunesse *La Petite Graine qui n'avait pas poussé*.
Si tu me suis sur les réseaux sociaux depuis un certain temps, l'histoire que tu t'apprêtes à lire ne te sera sans doute pas inconnue...

Elle a commencé en décembre 2019. J'avais envie de réaliser quelque chose de doux pour les parents endeuillés, un rituel sur le principe du calendrier de l'Avent qui permette de recevoir quotidiennement un peu de lumière.
Alors j'ai commencé à inventer une histoire. Chaque jour, j'en écrivais un nouveau chapitre, qui se devait de tenir sur un post Instagram. Je ne savais même pas où allait l'histoire : comme bien souvent, mon cœur et mon intuition prirent les commandes. C'est ainsi que Mélanie et Céleste se mirent à prendre forme et, surtout, à faire partie de ma vie, pour mon plus grand bonheur !

Les arrêts de grossesse précoces[1] appelées communément fausses couches, touchent en moyenne 200 000 femmes par an en France. J'en fais moi-

---
[1] Ressources p.239

même partie. Mon étoile à moi se prénomme Loreleï et ce récit s'inspire beaucoup de la nôtre.

J'avais besoin de parler de cet amour incroyable qui relie les parents à ces tout-petits êtres, inexistants pour beaucoup, alors qu'ils transforment nos existences, les marquant à tout jamais.

Aujourd'hui, je vous confie cette histoire et ses personnages.

Aujourd'hui, je les laisse vous accompagner, faire un bout de chemin avec vous.

Et peut-être marquer autant vos vies que la mienne, qui sait ?

Belle lecture à vous,

Aurélie

*Tout est ainsi,
à un cheveu entre la Vie et la Mort.
Pour qui le sait,
c'est parfaite Lumière.*

Sophie de Meyrac

Pour ma maman

...Prologue

24 Décembre 2029

Mélanie s'était réveillée tant de fois dans la nuit qu'elle avait fini par arrêter de chercher le sommeil. Son esprit avait alors refait cent cinquante fois la liste des tâches qui l'attendait pour la journée du lendemain — d'ailleurs parlait-on encore de lendemain quand il était déjà trois heures du matin ? —, ainsi que pour les journées suivantes.

Bien sûr, elle se maudissait de ne pas réussir à dormir, alors que, pour la première fois en sept ans, elle avait l'opportunité de ne pas être réveillée par l'un de ses enfants. Il fallait s'y attendre : les ronflements de Carl avaient pris le relais.

Elle avait allumé son téléphone pour vérifier que sa belle-mère n'avait pas essayé de la joindre dans un moment de panique. Le dernier message était rassurant :

« Tout le monde s'est endormi, Timéo avec moi. Passez une belle soirée en amoureux ! »

Pourtant positifs, ces mots lui avaient noué la gorge.

Pour se changer les idées, elle avait ouvert ses applications habituelles. Après plusieurs dizaines de minutes à faire défiler des vidéos, la culpabilité était revenue. Ça avait commencé avec une toute petite phrase, anodine, mais critique.

Forcément, la critique : elle ne connaissait que cela. Jamais sa conscience ne s'adressait à elle par de fervents encouragements, ni même une timide compassion. Non, apparemment, cela ne faisait pas partie des options. Elle n'espérait pourtant pas des applaudissements ni que son orgueil gonfle au point de l'empêcher de mettre ses chaussures. Si déjà elle avait eu la capacité de relativiser, ça aurait été formidable. Que nenni. Son truc à elle, c'était l'autocritique : là, aucun problème ! Elle lui collait à la peau comme un pantalon slim trop petit et impossible à enlever. Une véritable virtuose de l'auto-sabotage de l'estime de soi.

Une fois son esprit bien infesté par ces phrases assassines contre elle, c'était le petit train-train habituel : la culpabilité émergeait et envahissait chaque petit espace de ses pensées. Le moindre interstice était rempli, calfeutré, recouvert. À la fin, il ne restait plus rien d'autre que sa texture poisseuse et puante. Il ne servait à rien de se débattre. Elle avait bien essayé déjà : en vain. Depuis qu'elle l'avait compris, elle se laissait aller à ce poison sans aucune résistance, comme cette nuit.

Je devrais faire ça, et ça, et ça... Je devrais en être capable... Oui mais j'y arriverai jamais... Je suis tellement nulle... Et dire que je suis même pas capable de mettre de telles activités en place... Ils seraient mieux avec une autre... De toute façon, je ne suis bonne à rien... Je vais être encore crevée demain... Je vais encore galérer... Comment elle fait pour être aussi belle, elle ?... Je devrais prendre du temps pour moi... Oui mais qui rangera la maison ?... Ah ça, c'est pas Carl qui va faire les corvées... Tous les mêmes, ces mecs... Je devrais... Il faudrait...

Pourquoi toi, tu n'y arrives pas ? Parce que tu n'es capable de rien, je te l'ai déjà dit.

Quand le réveil sonna, elle réalisa qu'elle s'était rendormie, sans doute depuis une courte durée, trente ou quarante minutes tout au plus. C'était tellement son quotidien que, même sans la présence des enfants, son corps s'était réglé sur ce rythme. Un sommeil léger et entrecoupé, un cerveau en permanente hyper vigilance.

Déjà que son niveau de réjouissance habituel était autour de -10, ce matin-là elle se surprit à s'épater d'atteindre -1000.

Ah ben tu vois que t'es bonne à des trucs des fois ! ironisa la critique.

De l'autre côté du lit, la voix de Carl s'éleva dans un râle :

— Bordel, mais pourquoi tu as mis le réveil aujourd'hui ?!

Il s'enroula dans la couverture avant de lui tourner le dos. Elle n'y prêta pas trop attention, mais force était de constater que le bruit de fond dans son cerveau provenait sans doute des nombreuses phrases qu'elle aurait aimé lui balancer, et de celles qu'elles se balançaient à elle-même en tant qu'épouse. Heureusement — si elle pouvait dire cela —, ces salves auto-destructrices restèrent assez loin. Elle les percevait à distance, ce qui lui permettait de détourner son regard. Elle s'exécuta, au sens figuré comme au sens propre : regarder ailleurs dans la pièce, se diriger vers la salle de bain.

Face au miroir, elle repensa à cette femme dans la vidéo de la nuit précédente, qui disait manquer de sommeil avec ses deux enfants. Tu parles ! Elle était jolie comme un cœur, des pommettes roses, un teint frais, des cheveux toujours parfaitement lissés... À titre de comparaison, sa tête à elle, les yeux rouges, les cernes mauves, les rides, les cheveux secs ébouriffés, la rendait plus proche du loup-garou que de la princesse ensommeillée.

Il faudrait inventer une expression pour les personnes que le sommeil a fui, parce qu'à ce stade, manquer de sommeil, c'est vraiment un euphémisme.

Comme Carl ne se levait pas, elle revint dans la chambre, ouvrit les volets, alluma une lampe de chevet pour y voir clair. La voix masculine ne tarda pas à tonitruer :

— Mais tu le fais exprès !

Il disparut tout à fait sous les draps sans attendre sa réponse.

— Oui, tu dois aller chez tes parents ce matin je te rappelle.

Un autre grognement pour toute réponse, elle se contenta d'hausser les épaules avant de retourner la penderie qu'elle squattait durant son séjour dans la maison familiale, alors que ses parents s'offraient un voyage de rêve aux Bahamas pour la première fois de leur vie. Comme elle aurait aimé, elle aussi, n'avoir qu'un maillot à enfiler, faciliter son choix. Et en même temps, avec ce corps horrible, aucun maillot ne trouverait grâce à ses yeux. Pas même ses propres vêtements d'ailleurs. À quoi bon essayer de se transformer en ces superbes créatures aperçues sur les réseaux sociaux...

Un survêt et un peignoir feront bien l'affaire.

Son programme était chargé. Même si cette veillée de Noël s'annonçait intime pour elle, Carl et leurs enfants, elle préférait anticiper les nombreux préparatifs du lendemain où les familles de sa sœur et de son frère les rejoindraient, d'autant qu'il leur faudrait aussi récupérer ses parents à l'aéroport. Et tout cela, avec les trois enfants dans ses pattes.

Elle souffla face à toute la charge mentale annoncée et descendit les escaliers d'un pas lourd. Heureusement, sa meilleure alliée venait de lui sourire à son arrivée dans la cuisine : la machine à café ! Son rituel immanquable du matin. Là, tout de suite, un peu d'énergie dans le corps pour survivre serait la bienvenue.

Alors qu'elle prenait son petit déjeuner en compagnie de son smartphone, Carl descendit à son tour, propre et frais dans un ensemble chemise et pantalon repassés à la perfection. Elle nota mentalement qu'il s'était parfumé.

Parfumé pour aller voir sa mère, qui fait ça ?

Une petite voix s'insinua alors, véritable marteau-piqueur dans sa poitrine. Et s'il voyait quelqu'un d'autre ? Et s'il la trompait ?

Non. Impossible Carl ne ferait jamais ça ! Pourtant, elle n'arrivait pas à s'enlever cette pensée de l'esprit depuis qu'une très forte intuition l'avait saisie quelques semaines plus tôt, quand elle avait vu s'afficher un message surprenant sur l'écran de son téléphone :

« Alors comme ça je te manque ? »

L'expéditeur n'était pas enregistré, juste un numéro. Mais quelque chose avait troublé Mélanie. Une envie de pleurer était montée si fort dans sa gorge qu'elle avait dû retenir ses larmes devant Carl qui avait attrapé son téléphone d'un geste vif en pestant face à une erreur de destinataire.

— Tu t'es fait tout beau dis donc...

Elle cachait ses craintes derrière un ton de façade désabusé.

— Oui, je dois passer vite fait au bureau avant. Hugo doit me faire le compte-rendu de sa semaine de travail pendant que j'étais en vacances.

— Tu ne reprends que dans une semaine pourtant...

— Oui mais ça convient à Hugo, que veux-tu, je m'adapte !

Il avait haussé un peu le ton et claqué ses mains sur ses cuisses en signe d'agacement.

— Ah... D'accord. Comme tes bureaux sont à plus d'une heure de route, je me suis dit que ça devait être compliqué et...

— C'est pour ça qu'on va se retrouver à mi-chemin.

— Mais t'as dit que tu passais au bureau...

— Je me suis trompé, voilà tout.

Le ton était agressif, sans appel. Elle baissa la tête vers son bol de café. Il fit mine de chercher quelque chose dans ses poches.

— T'en as pour combien de temps, finit-elle par demander pour en terminer avec ce silence pesant.

— Deux heures à tout casser. Je serai de retour avant midi.

Il s'approcha d'elle, effleura sa joue de ses lèvres.

— À tout à l'heure.

Ça faisait mal à l'intérieur. Ce froid, cette distance. Comment avaient-ils pu se retrouver sur des galaxies aussi lointaines l'une de l'autre ?

— Oui, à tout à l'heure. Embrasse tes parents et Hugo de ma part.

Avant de passer la porte menant au couloir, il se retourna, la dévisagea. Son regard la transperça. Comme s'il avait cherché à lui dire quelque chose. Comme si elle devait deviner ses pensées au fond de ses iris bleues. Elle en esquissa un sourire :

— Qu'est-ce qui t'arrive ?

Il resta planté là, le visage un peu grave.

— Tu devrais prendre du temps pour toi. Un bain tranquille, lire un livre. T'as au moins deux heures devant toi, c'est dommage de ne pas en profiter pour te reposer.

Elle répondit d'un oui de la tête dont l'ironie se lisait sur les traits de son visage. Bien sûr qu'il n'était pas dupe, il l'aurait démasquée aussitôt si elle avait tenté de mentir.

Pas besoin, merci quand même !
C'est pas mon truc...
Mais enfin mon chéri, je suis déjà zen, je ne vois pas de quoi tu parles.

À quoi bon jouer cette comédie, faire croire qu'elle pourrait avoir une prise sur sa situation, qu'elle contrôlait encore quelque chose. Non, c'était inutile.

— Ne fais pas attendre Hugo, se contenta-t-elle de répondre.

Le mari soupira, fit demi-tour. Une seconde avant qu'il ne disparaisse de son champs de vision, elle s'imprégna de sa silhouette encore élégante malgré l'embonpoint naissant, de ses tempes blondes, parsemées de fil d'argent qui n'altéraient pas la beauté de celui qu'elle avait épousé. Mais aussitôt, c'était

son regard qui lui revenait en mémoire. Ce bleu devenu sec, presque cruel, là où avant elle plongeait dans un océan de douceur et de bonté. Alors les reproches firent barrage. C'était sa manière à elle de se protéger de la peur de le perdre.
En même temps, s'il était là plus souvent...
On aurait le temps de passer du temps ensemble.
C'est de sa faute.
Il crie trop sur nous, il est tout le temps en colère.
C'est toujours à moi de rester calme, pour les enfants.
Ma priorité, c'est nos enfants.
Pas pour lui on dirait.

La porte refermée, la solitude s'installa à la table du petit déjeuner. Les critiques qui tournaient en boucle dans sa tête s'épuisèrent peu à peu, la laissèrent respirer. Respirer une solitude bienvenue, bien moins douloureuse que celle ressentie parfois en compagnies d'autres femmes, d'autres couples. Elle s'y sentait même bien. Son café et elle. Elle en déposa son téléphone, pour parfaire cette bulle, cette accalmie, avant que ne reprenne sa tempête. Tant qu'elle n'avait personne d'autre à qui penser, dont s'occuper. Un instant délivrée de sa *to-do list* et de sa charge mentale. Un unique instant en sept années.

Une énième et dernière boisson accompagna ce tête-à-tête solitaire. Son repas se terminait, pourtant elle crevait d'envie de le prolonger. Rester ainsi, des heures, à respirer les vapeurs de caféines, ses mains réchauffées par la tasse.

Une douce vision perça sa brume intérieure.

T'imagine, pensa-t-elle, *si je vivais ça tous les jours... Si j'étais seule au monde... Si je n'avais pas d...*

Elle repoussa ces pensées. La culpabilité, elle, revint peser de toute sa brutalité sur son corps. Comme à son habitude, ce genre de remarque déclencha son incessant dialogue intérieur.

— *Qu'est-ce que tu racontes ! Tu ne peux pas penser ça ! Imaginer qu'ils ne soient pas dans ta vie, c'est la honte ultime des mères, le déshonneur ! Tu es une incapable et, en plus, tu avoues que tu préfèrerais ne pas avoir d'enfant !*

— *Non mais, qu'est-ce que tu crois ? Que je maîtrise tout ce que je ressens ? Que je peux me payer le luxe de me taper une session de culpabilité et d'anxiété, comme ça, pour le plaisir ? Non, je ne fais pas exprès ! C'est passé dans ma tête comme ça, alors arrête de me torturer !*

— *Tu vas arrêter de te plaindre oui ? Tu as les plus beaux enfants du monde, une famille que tout le monde envie, qu'est-ce qu'il te manque à la fin ?*

— *Je vais te dire ce qu'il me manque ! De la passion, de l'énergie ! J'étouffe ! Tu comprends ça ? Tu sais ce que j'ai vraiment envie de te dire ? Merde ! Laisse-moi ! Et si j'ai envie de penser que je préfèrerais être seule sur cette planète, je le fais !*

Sur ces mots hurlés dans son esprit, la lumière du plafonnier s'éteignit soudain.
Que se passe-t-il ?
Après un court étonnement, elle observa que le four et le micro-ondes n'affichaient plus l'heure. Coupure de courant.
Super... J'espère que ça va redémarrer. Sinon y aura plus qu'à aller squatter chez belle-maman. Ça va lui plaire ça, nous accueillir en dernière minute. J'en toucherai deux mots à papa à son retour de voyage : plus d'excuses à la nécessité de lancer des travaux de rénovation !
Elle aurait dû se lever pour aller jeter un coup d'œil au compteur, appuyer sur le bouton pour voir si l'électricité revenait. Mais son derrière semblait collé à sa chaise. La chaleur du café calmait les chahuts intérieurs. Par la fenêtre, la lumière d'un matin gris s'intensifiait peu à peu. Plus d'appareils électriques en bruit de fond. Seul le tic-tac de l'horloge de l'entrée persistait, monocorde et rassurant. Son ouïe reposée, lui parvinrent les bruits étouffés de la rue, de voitures, de voix de passants. Depuis combien de temps n'avait-elle pas perçu un son aussi lointain ? Plus ses sens s'aiguisaient, plus le café devenait savoureux.

Elle resta assise dans la pénombre, un certain temps, le sirotant goutte après goutte.
C'est peut-être encore mieux qu'un bain finalement...

1...

24 Décembre 2022

Mélanie n'avait pas le cœur à fêter Noël. La musique en fond ne parvenait pas à gommer les souvenirs assourdissants qui accablaient son esprit. Sa poitrine cherchait l'air ; cela lui arrivait de plus en plus souvent, cette impression d'être oppressée, de perdre le souffle.
Elle se doutait bien que c'était psychosomatique, elle n'était pas aveugle. Pas besoin d'être psychologue pour voir que ça n'allait pas aussi bien qu'elle le laissait paraître derrière le maquillage et la jolie robe rouge qu'elle avait choisie pour se donner du courage.

Le véhicule ralentit doucement. Son cœur creusait un puits sans fond tandis que Carl stationnait la voiture devant la maison. Après avoir éteint le moteur, elle remarqua à peine le mutisme patient de son mari. Un soupir échappa des lèvres de la jeune femme et son corps s'enfonça un peu plus encore dans le siège. Sortir de là revenait à affronter une réalité à laquelle elle tentait tant bien que mal d'échapper. Paralysée, elle en oubliait même de respirer.

La main douce au gant velouté de son époux la fit sursauter en se posant sur sa cuisse, malgré la tendresse indéfectible dont il faisait preuve.

— Ça va aller ma chérie ?

Il déplaça ses doigts vers les mèches brunes, les plaqua amoureusement derrière l'oreille de sa femme. Mélanie capta son regard bleuté, s'y plongea. Comme à son habitude, c'était là qu'elle trouvait le bain de sérénité nécessaire à l'apaisement de ses muscles, plus tendus qu'une corde à linge sur le point de rompre.

— Oui... Oui bien sûr.

Et elle força son sourire. Carl parut convaincu : il sourit à son tour, avant de poser ses lèvres sur les siennes en signe d'encouragement. De quoi d'autre avait-elle besoin, après tout ? Ne pouvait-elle d'ailleurs pas se contenter de cet amour, déjà parfait et présent dans sa vie ? À ces pensées, son visage s'habilla d'un peu de sincérité.

J'ai tellement de chance dans mon malheur, se rasséréna-t-elle.

— On y va ?

Sa tête répondit d'un oui, malgré son désir de fuir et de rentrer chez eux. Elle profita de la sortie de Carl pour mettre son bonnet, tout en inspirant très fort avant d'ouvrir sa portière.

À peine l'air frais caressa-t-il sa joue que sa peau perçut des petites bulles fondantes, veloutées

comme du miel gelé. Son cœur s'emballa en même temps qu'un cri de joie lui échappa.
— Il neige ! Je ne rêve pas, il neige !
C'était inespéré, de la neige dans sa région ! Cela tenait du miracle. Dans ses souvenirs, il avait neigé une fois au point qu'ils aient pu réaliser un mini bonhomme de neige en famille. D'ordinaire, l'hiver était plutôt synonyme de pluie par ici.
Son âme d'enfant aurait voulu bondir, sautiller, rire... Petite, elle adorait cette saison d'ailleurs. Pourtant, cette spontanéité fondit encore plus vite que le cristal blanc au contact du goudron.

Une ombre au tableau. Ce fond d'écran noir qui réapparaissait systématiquement sur toutes les toiles un tant soit peu colorées de son existence : encore une première fois « sans ». Sans lui, ou sans elle. Ce même sentiment qu'au printemps, lorsqu'elle les bourgeons avaient percé, que les fleurs avaient commencé à éclore. Puis, lors de leur première sortie à la plage de l'été, quand il avait fallu ne penser qu'à leurs serviettes à eux deux. Pendant leur mariage, évidemment, et même pendant leur voyage de noce qu'ils auraient sans doute reporté dans d'autres conditions...
Tant de moments qui auraient dû être différents, tant de journées d'une réalité subie comparées à celles d'un rêve dissout. Tous ces sourires que la vie lui avait volés, qui assombrissaient ses nuits de cauchemars, teintaient ses cernes de noir. Chaque soir,

elle priait de se réveiller le lendemain en découvrant que tout cela n'avait pas existé. Pourtant, chaque matin lui rappelait ce vide intérieur, trop lourd à porter, insupportable, invivable. Et plus Noël avait approché, plus l'étau s'était resserré sur sa poitrine.

Si elle avait pu mourir un an auparavant, cela aurait arrangé bien des choses.

Pourtant, elle était en vie. Morte dedans, mais bien en vie. Alors elle faisait avec, elle donnait le change, esquivait la présence proche de la dépression et les symptômes du traumatisme. Personne n'aurait pu imaginer à quel point l'obscurité avait gagné son âme.

Les minuscules flocons et la joie non simulée qu'ils promettaient ne suffirent pas à étouffer son angoisse.

— De la neige qui ne risque pas de tenir à mon avis, observa Carl, une moue sceptique.

Deux paires d'yeux tournées vers le ciel. Deux regards pourtant distincts.

Elle, plongée dans le cauchemar de ses souvenirs. Obsédée par ses émotions aux commandes, dont elle perdait le contrôle au fur et à mesure que les dates l'avaient replongée dans le vécu de l'année précédente.

Lui, terre à terre, pragmatique. Elle avait dû lui rappeler pourquoi ces derniers jours étaient si durs, pourquoi le moindre petit accroc engendrait des torrents de larmes. Elle l'aimait à la folie : il était sa bouée, son pilier, sa bouffée d'oxygène quand elle perdait pied. Ce drame les avait soudés, elle en était persuadée. Son mari avait redoublé d'attention, de marques d'affection, d'amour. Elle n'aurait pu rêver meilleur allié pour rester debout dans la tempête.

Pourquoi était-ce alors si difficile de reconnaître leurs vécus différents, son indifférence vis-à-vis de son deuil ? Entre lui en accorder le droit et l'accepter, il y avait un cap que Mélanie ne parvenait à franchir. Pas pour le moment. Pas aujourd'hui.

Elle s'accommoda ainsi de sa réaction puis le suivit de près, la mélancolie bourdonnant à ses oreilles.

Ce fut Carl qui actionna la sonnette.

Mélanie ravala au plus vite ses larmes. Dans un tout petit instant, quelqu'un allait ouvrir et il lui faudrait réaliser que ce Noël ne serait pas celui projeté lorsqu'ils avaient franchi cette même porte, un an avant.

Ce Noël-ci, elle l'avait dessiné dans son esprit des milliers de fois. Il aurait dû être beau, émouvant, rempli de précieux moments à photographier et à imprimer dans un livre qui aurait trôné dans leur salon, qu'ils auraient feuilleté avec fierté chaque fois qu'ils auraient voulu retourner dans l'émouvante joie de ce coin de leurs souvenirs.

Des images prirent forme en son esprit et elle put se voir défiler dans l'allée, excitée, les yeux remplis d'étoiles et une boule d'amour blottie contre la poitrine.

Au lieu de cela, elle se présentait les bras et le cœur vides, un bonhomme de neige fondu en guise de sourire.

— Joyeux Noël ! s'écria la femme qui ouvrit la porte.

Des cheveux grisonnants piquetés de filaments blancs dansaient autour de son visage rayonnant. En pilote automatique, la bouche de Mélanie s'étira d'une oreille à l'autre.

— Bonsoir Catherine ! Joyeux Noël !
— Joyeux Noël maman !

Les bras chauds passèrent autour de son cou, semblables à un manteau de douceur. Comme à chacune de leurs retrouvailles, elle se blottit contre celle qui lui avait donné la vie, l'avait élevée et l'aimait inconditionnellement depuis vingt-huit années. Instantanément, l'air revint enfin dans les poumons de Mélanie.

Depuis l'intérieur, une odeur de sapin et de cannelle venait chatouiller ses narines.

2...

Une ambiance chaude et festive régnait dans la demeure des parents de Mélanie et un sentiment d'apaisement gonfla aussitôt sa poitrine. C'était toujours doux de revenir dans ce cocon de sécurité, la maison où elle, son frère et sa sœur avait grandi ensemble. Tout bougeait au fil des ans. Certaines peintures, décos, certains agencements n'étaient plus les mêmes que dans sa prime enfance. Son frère avait quitté le foyer, puis sa sœur, puis elle à son tour. Et les petits-enfants s'étaient ajouté à ce tableau en perpétuel mouvement, que ça soit dans les cadres photos, dans l'aménagement des chambres ou encore dans ces jouets disparus du paysage qui avaient été réintégrés.

Malgré ces cycles, sa maison restait un espace particulier, une madeleine réconfortante. Dès qu'un pied en dépassait le seuil, elle se sentait rentrer chez elle.

Dans le long hall d'entrée, sur les rambardes de l'escalier qui menait aux chambres, partout sur les murs, au plafond, sur les meubles, sur les appliques lumineuses, on pouvait voir des guirlandes de lumière, des Pères Noël animés, des bougies rouges ou vertes, des figurines représentant des lutins et des rennes, des bâtonnets de sucre d'orge, du houx...

Elle a mis le paquet cette année, pensa Mélanie, presque touchée par les exubérances de sa maman.

C'était le cas chaque année à vrai dire. Il fallait bien avouer que sa chère mère ne manquait jamais d'inspiration en cette période. Mais Mélanie était suffisamment observatrice pour percevoir le petit surplus de féérie. Un téléfilm de Noël sur M6 aurait paru pâlot à côté leur maison familiale !

Mélanie laissa trainer son regard sur tous les détails qui s'y accrochaient. Évidemment, cette intention maternelle avait un lien avec sa situation, elle en était persuadée. Elle en était touchée.

— Tout le monde est déjà arrivé ?

Glissant dans le couloir, Mélanie imita l'empressement de revoir les siens. Ce n'était pas qu'elle ne voulait pas être parmi eux ce soir. Bien sûr que ça lui ferait du bien de les revoir, de profiter de ces moments ensemble. La cause de ce malaise était cette impression de se sentir dédoublée, comme si une autre elle profitait de cette même soirée dans une autre vie. Pour éviter ce déchirement, elle aurait encore préféré rester au lit, s'endormir à 18h et se réveiller deux jours plus tard. Ce genre de faiblesse étant exclue de son panel de comportements, il lui fallait continuer. Alors elle avait tenu à venir, quitte à lutter, à feindre d'aller bien, d'aller mieux. Maintenir un semblant de normalité n'était pas une option : c'était *la* seule solution envisageable qui la rattachait à son désir de s'en sortir.

Ses bras se secouèrent sous l'effet de la différence de température avec l'extérieur quand elle posa son manteau et son bonnet sur la patère. Elle jeta ensuite un coup d'œil éclair au miroir sur le mur opposé : faisant mine de vérifier sa coiffure, elle s'assura au passage que l'éclat de ses pupilles ne la trahissait pas.

— Oh oui, tout le monde est là et vous attend ! s'exclama sa mère, enthousiaste. Carl, vous êtes encore plus beau que d'habitude ma parole !

Son mari rougit et Mélanie se mordit les lèvres pour ne pas rire. Elle prit sa maman par les épaules, colla son nez dans son cou.

— Arrête maman, je vais être jalouse : c'est moi ta préférée !

— Oh mais oui, mon cœur ! C'est tout pour toi !

C'était un de leurs petits trucs à elles : Mélanie jouait encore le rôle de cette petite dernière à qui les aînés reprochaient d'être la chouchoute. Mère et fille se délectaient de ce jeu innocent. Catherine se tourna vers sa fille pour l'étreindre. Une étreinte qui ne disait rien, mais qui savait.

Les deux bras l'enlaçaient plus fort que toutes les autres fois. Un instant de réassurance silencieux que Mélanie goûta sans un mot. C'était bon de se sentir comprise sans avoir à dire quoi que ce soit. Les petites secondes qui passèrent lui semblèrent de longues heures de câlins. Comme autrefois, quand elle était encore petite fille et qu'il lui suffisait de poser sa tête dans le cou de sa maman pour apaiser ses chagrins. Un écrin de réconfort enfantin, maternant. Elle aurait tant voulu remonter le temps et retrouver l'innocence de cette période de sa vie où tout n'était que légèreté insouciante.

— Allez !

En disant ces mots, sa maman tapota son dos puis la relâcha avec lenteur. Ses yeux bruns luisaient autant que les luminaires de la pièce, les ridules s'étaient approfondies. Ses mains encore sur les épaules de sa troisième laissaient diffuser un encouragement. Il fallait à présent se lancer en direction de la foule du salon. Mélanie s'accrocha à la main de sa maman comme on attrape une corde pour ne pas tomber dans le vide et la suivit, prête à affronter ce moment.

A leur entrée, un joyeux brouhaha emplit leurs oreilles.

— Les voilà enfin !

— Toujours à l'heure pour l'apéro Carl !

Mélanie aperçut d'abord le visage jovial de son père, puis celui de son frère, Jonas, tous deux debout. Leurs verres déjà pleins cliquetaient au son des conversations. Tout autour des adultes courait la ribambelle de ses neveux et nièces, dévalisant les plateaux de toasts. L'un des jumeaux intrépides de Jonas et l'aînée de sa sœur vinrent lui embrasser la joue.

— Viens faire un gros bisous à Tata toi !

Les gamins adoraient Mélanie et elle le leur rendait bien. Elle jouait avec eux, les câlinait, leur chantait des berceuses et lisait des histoires jusqu'à ce qu'ils s'endorment. Lorsqu'ils la retrouvaient, les trois enfants avaient pour habitude de lui sauter dessus et de l'emmener jouer illico.

Elle se saisit de l'autre jumeau qui courait sans l'avoir remarquée, posa sa bouche sur sa joue pour y claquer le bruit d'un pet, avant que son frère ne monte sur son dos comme on monte à cheval ; Mélanie tourna en rond, cherchant son neveu comme s'il avait disparu. Puis, ce fut au tour de sa nièce de lui attraper le cou avant de couvrir sa tante de bisous.

D'ordinaire, elle se serait laissée embarquer dans de grandes aventures, composées de cabanes, d'animaux en danger, de messages codés et autres missions secrètes. C'était souvent elle à qui les adultes préconisaient de calmer le jeu : Mélanie se montrait d'une imagination débordante et d'une infatigable énergie une fois admise dans la bande des petits.

Ce soir, elle ferait une exception. Son humeur n'était pas à la fête et il était dangereux pour sa carapace de laisser quoi que ce soit la fendiller. Mieux valait ne pas trop s'impliquer et garder les enfants à distance. Ils s'en accommoderaient bien.

— Zou, hors de ma vue bande de pirates !

Nathanaël répondit dans une attitude militaire :

— À vos ordres, capitaine !

Son frère attrapa ce dernier par le bras, visiblement saisi d'une idée.

— Oh tu viens, on va faire comme si notre lit c'était le bateau et on cherche un trésor !

Les jumeaux détalèrent aussitôt. La petite Léonie, en revanche, resta plantée près de sa tante, son doudou dans les bras.

— Tu ne vas pas jouer aux pirates avec les garçons ?

— Non. Je veux jouer avec toi, moi.

Mélanie passa sa main sur sa joue avant de lui murmurer :

— Pas de tout de suite : je dois d'abord vérifier qu'aucune licorne ne mange notre repas de Noël ! D'ailleurs, si j'étais toi, j'irais dans la cuisine pour m'assurer que Mamy n'est pas une licorne déguisée qui grignote nos plateaux apéro en douce...

Sur ce, elle décocha un clin d'œil complice à Léonie, qui prit très au sérieux sa charge et courut aussitôt retrouver sa grand-mère. Mélanie continuait de maîtriser sa respiration, néanmoins il lui fallut accepter que plus elle se trouverait loin de ses neveux, mieux ça serait pour elle. Le pire était presque derrière elle.

Elle aperçut alors sa belle-sœur, Claire, et son beau-frère, Julien, assis l'un à côté de l'autre sur l'un des sofas. Absorbés par leur discussion, ils n'avaient pas fait attention à l'arrivée de Carl et Mélanie. Elle contourna le canapé pour venir à leur rencontre et leur dire bonjour. Alors qu'elle se penchait pour les embrasser, une voix dans son dos la stoppa net.

— Coucou Mél !

Plus un cil ne bougeait. Apparemment tous ses organes venaient de cesser de fonctionner, car elle n'entendait plus son cœur battre. Ses poumons n'avalaient plus d'air.

Sans la voir, elle devinait déjà les contours de cette personne, avant de se tourner lentement et de lui faire face.

Sa grande sœur, Aude, affichait un grand sourire. Lové au creux de ses bras, un nourrisson tétait son sein.

3...

Mélanie avait pressenti qu'elle réagirait mal en découvrant la dernière-née de ses nièces. Elle avait repoussé ce moment fatidique depuis la naissance de la petite en prétextant un manque de personnel au travail qui l'avait empêchée de venir la rencontrer.

Aude, sa grande sœur, ne semblait pas percuter le problème, à voir les nombreux SMS lui infligeant des portraits tous plus beaux les uns que les autres du poupon et des légendes on ne pouvait plus explicites.

« Tata, j'ai envie de te rencontrer ! »

« Quand est-ce que tu viens me voir tata ? »

« Une petite photo de moi avant que j'aie 18 ans et que tu te décides enfin à venir me voir ! »

Mélanie connaissait sa sœur par cœur : elle savait bien qu'il n'y avait aucune méchanceté à ces messages insistants.

Presque un an plus tôt, elle était là, à ses côtés. À lui tendre des mouchoirs, à lui passer une main dans le dos pour apaiser ses larmes, à faire le ménage pendant qu'elle se reposait, à lui acheter des livres pour lui changer les idées : Aude n'avait pas tari de propositions pour la soutenir.

Pourtant, au fil des semaines, le quotidien des autres les avaient tranquillement replongés dans le présent. Seule Mélanie continuait de vivre au conditionnel.

À chaque message d'Aude, elle répondait que le travail l'accaparait, s'extasiait sur la beauté de la petite Aliénor — dont la photo voyageait déjà jusqu'à la corbeille virtuelle du téléphone.
« Ils ouvrent le dimanche dans ta pharmacie ??? »
« On a des tas de produits à trier, si tu savais, c'est le grand ménage ! » mentait-elle.

Elle avait ainsi repoussé toutes ses tentatives de provoquer une rencontre qui aurait remué trop de douleur.
Ce bébé, cette petite fille, paraissait la plus adorable du monde. Mélanie ne demandait qu'à l'aimer. Mais comment pouvait-elle aimer sa nièce quand tout en elle lui rappelait l'absence d'un enfant rien qu'à elle ? Ses grands yeux gris, la courbe de son front, ses petites mains potelées, les mimiques de ses lèvres... Elle s'en savait incapable. C'était trop de souffrances.
Qu'aurait-elle pu faire ? Se rendre auprès de sa sœur et éclater en sanglots au moindre regard sur la petite ? Décliner, le ventre serré, la proposition de la tenir dans les bras ? Observer tous ces instants que sa sœur vivait à sa place, en reniflant, la gorge serrée ?

La jalousie la rongeait parfois, une jalousie acerbe envers Aude, qui ne connaissait que les côtés heureux et faciles de la maternité. Elle osait pourtant geindre régulièrement. Ce qui avait pour effet d'allumer une colère monstre dans les tripes de la benjamine.

« Si tu savais comme c'est fatigant d'être maman, d'avoir à penser à tout... Je n'arrive plus à avoir une minute pour moi !... Faut encore que je l'emmène chez le docteur, elle ne dort pas bien à cause de son rhume... Je suis épuisée ma pauvre !... Là ça y est, Léonie est en pleine adolescence là, c'est crise sur crise à la maison, on n'en peut plus !... J'ai voulu lui faire réaliser une carte pour la fête des pères, elle a mis de la peinture jusque sur les murs, je te jure elle me fatigue... »

Depuis un an, Mélanie avait réellement du mal à comprendre ces lamentations, la vie l'ayant laissée seule sur le bord de la route du projet « famille heureuse ». Et lorsque Aude retomba enceinte, l'agacement se transforma en un véritable sacerdoce.

Chaque plainte de sa sœur contre sa grossesse lui retournait le ventre.

Chaque repas en famille renouvelait son stock de larmes et lui valait trois jours de pleurs assidus.

Chaque coup de fil d'Aude ou d'une personne de sa famille propageait en elle l'inquiétude d'aborder le sujet fatidique.

« On a acheté la nouvelle poussette ! »

« Comment ça tu viens pas à sa *baby shower* ? »

« Tu sais bien qu'Aude ne peut pas manger de viande crue... »

« T'as vu le résultat de notre séance photos ? »

Oui, Mélanie avait vu. Elle aussi avait accès à Facebook et aux centaines de preuves de la grossesse de sa grande sœur, à son ventre rond, à ses échographies...

Cet étalage n'avait pas manqué de faire grossir sa rancœur, voire la haine qu'elle éprouvait envers Aude. À peine apparaissaient ces obscures pensées qu'elle s'en auto-flagellait. Quelle égoïste elle était ! Sa sœur n'était en rien responsable de son malheur à elle, elle avait le droit d'être heureuse. Quelle monstre était-elle pour aller jusqu'à lui souhaiter un drame comme le sien ?

Finalement, elle n'était pas si digne que cela de devenir mère à son tour pour éprouver de pareils sentiments envers les autres...

Carl essayait bien de l'apaiser, mais sa seule ligne de conduite consistait à lui rappeler que Aude n'y était pour rien. Mélanie séchait alors ses joues et murmurait, l'impuissance chevillée au corps :

— Je sais... Je sais...

Voilà donc comment, depuis des mois, Mélanie avait fui la femme qu'elle aimait le plus au monde avec sa mère, incapable de lutter contre ses émotions. Il lui manquait juste un plan pour l'instant qui allait les réunir.

Jusqu'à ce moment de rencontre, elle n'avait jamais réfléchi à ce qu'elle dirait, à ce qu'elle ferait. Son cerveau avait fui jusqu'à l'éventualité même des retrouvailles. Mais voilà, Aude se tenait bien là, dans le fauteuil, confortablement installée avec la minuscule Aliénor dans les bras. Et Mélanie, face à elle, bouche ouverte, dont aucun mot ne sortait. Les secondes s'égrainèrent au ralenti. Quand elle réussit à réagir, elle n'eut que le courage de mentir. D'une main, elle claqua son front.

— Ah mince ! J'ai oublié le cadeau de la petite dans la voiture !

Son corps tremblant leur tourna le dos et la ramena en mode pilotage automatique jusqu'au hall d'entrée. Mélanie s'adossa contre le mur, figée, immobile, tétanisée. Ses muscles ne répondant plus. Les voix du salon étaient étouffées par le bruit de son cœur au grand galop. L'image d'Aliénor restait imprimée sur sa rétine, alors que sa poitrine lui paraissait se déchirer de l'intérieur.

Il ne fallut que quelques secondes pour qu'apparaisse son mari, qui avait compris l'origine de sa fuite subite.

— Ma chérie...

Elle repoussa les bras qui s'ouvraient devant elle.

— Non, laisse-moi tranquille... supplia-t-elle. Si tu me touches, si tu dis quoi que ce soit, je vais pleurer.

Et il ne faut pas ! Je ne vais pas pleurer ! Pas maintenant !

Face à elle, Carl ne répondit pas. Il se contenta d'enfouir ses mains dans ses poches et de patienter. Sans un mot, comme elle le lui avait demandé. Une simple présence, une simple respiration : il savait bien que, parfois, elle n'avait besoin de rien de plus. Il avait bien tenté d'autres approches au début de leur relation : la rassurer lorsqu'elle pleurait, l'aider à relativiser quand elle était en colère, lui parler d'autre chose quand un sujet était ruminé de trop longues heures... Sauf que ces tentatives faisaient à coups sûrs monter l'émotion d'un cran, la tendait comme un arc prêt à lâcher sa flèche. Des flèches qui atterrissaient sur son mari si la corde cédait. C'était Carl qui devenait sa cible, l'émotion en question alors décuplée. Afin d'éviter ces conséquences, ils avaient cherché ensemble des solutions. Jusqu'à présent, la seule, l'unique, c'était de se retrouver dans les bras de son homme et de sentir sa respiration. Aucun mot n'avait besoin d'être dit. La simplicité de ce remède lui permettait de profiter d'un moment d'accalmie.

Et cela elle l'avait compris dès leur première rencontre.

Le tram était bondé ce matin-là, elle s'était retrouvée collée à ce grand blond, solidement accroché à une barre en hauteur que sa grande taille lui permettait d'atteindre. Mélanie, n'ayant accès à aucune prise, n'avait eu d'autre choix que de se laisser porter par la foule environnante. Un coup de freinage plus sec que les autres l'avait propulsée comme une boule de bowling dans un jeu de quille.

Le grand blond l'avait rattrapée de son bras libre.

— Ça va ? Vous ne vous êtes pas fait mal ?

— Faites attention quoi ! avait vociféré une dame plus âgée, visiblement fâchée d'avoir été bousculée.

— Calmez-vous, vous voyez bien qu'elle n'avait nulle part où se tenir.

Mélanie ne le lâchait déjà plus du regard. D'une voix posée, il avait pris position pour la défendre. Elle découvrait aussi son visage, doux et charismatique, l'odeur de frais qui se dégageait de la chemise dans laquelle elle s'était retrouvée blottie malgré elle.

— Non mais quelle gourde sérieux ! Elle a failli m'arracher l'épaule ! Ça va me valoir des séances de kiné, vous ne vous rendez pas compte ! Je vais porter plainte contre elle et ce chauffeur, un incompétent qui ne sait pas conduire ! Quoi, qu'est-ce que vous avez à me regarder comme ça ?!

La gêne avait gagné la jeune femme. Elle avait baissé la tête, détourné le regard afin que la dame cesse de s'en prendre à elle, tandis qu'elle cherchait un moyen de mieux tenir au prochain à-coup. La colère de la personne bousculée continuait à couvrir le bruit du tramway.

— Vous pouvez vous appuyer contre moi si vous voulez. Ou vous tenir à mon bras.

Les yeux de Mélanie étaient revenus sur son voisin, encore plus embarrassés.

— Vous... Vous êtes sûr ?

— Oui, ça ne me dérange pas. Je descends dans deux stations et je ne savais vraiment pas comment vous aborder pour vous inviter à boire un verre.

À présent, c'était lui qui la fuyait du regard, intimidé. Elle s'était attendrie de ce comportement.

— Ok, avait-elle répondu.

— Ok ?

— Ok, je vais me tenir à vous.

Elle posa une main sur son épaule, rougissant face à sa musculature et sa prestance.

— Et ok pour boire un verre ensemble.

Ses yeux étaient revenus vers elle. Un regard d'enfant, rempli de joie.

— Vraiment ?

Elle haussa les épaules, un sourire au coin des lèvres.

— C'est le moins que je puisse faire pour vous remercier. Sans votre intervention, j'aurais écopé d'un procès. Vous méritez au moins que je vous offre un verre.

Ils rirent, complices.

La dame s'était enfin calmée. Le roulis du tram faisait danser la marée des corps comme des algues dans le courant.

Leurs regards par moment se croisaient. Puis s'évitaient, dans un sourire timide. Mélanie observait le torse de cet homme, le rythme régulier de sa respiration. Immédiatement, elle y avait trouvé une ancre. L'air était entré dans ses poumons pour y laisser revenir le calme. Elle s'était laissée bercer ainsi, jusqu'à la station où il avait dit descendre.

— Je vous demande votre numéro ou vous me le donnez ? avait murmuré le bel inconnu.

Mélanie avait lâché son épaule, puis avait saisi son bras.

— En fait, je descends ici aussi, avoua-t-elle.

Le sourire du beau blond s'était rempli du soleil qui venait de percer. Ils étaient descendus du tram ainsi, bras dessus, bras dessous. Et ne s'étaient plus quitté depuis ce jour.

Quelle chance avait-elle d'avoir un mari comme lui. Tendre, à l'écoute, d'humeur toujours égale.

Elle l'aimait de supporter *ses crises*, *ses comédies*, comme disaient certains de leurs amis. Mélanie n'avait pas choisi de se voir envahie par la moindre de ses émotions. Carl, lui, la comprenait.

— On sait qui porte la culotte chez vous ! ricanaient certains témoins de ces moments où lui se pliait, s'adaptait, cherchait ce qui serait le plus confortable à sa bien-aimée.

Bien sûr, la jolie brune sanguine avait tendance à s'énerver face à ces remarques, tandis que Carl, lui, restait impassible. Il ne désirait que son bonheur. S'il ne savait pas comment la combler, il ne renonçait jamais à chercher d'autres façons de le faire. À force d'années passées ensemble, il avait fini par comprendre qu'anticiper les demandes de sa femme était inutile : elle savait mieux que lui ce dont elle avait besoin, autant l'écouter et faire preuve d'adaptabilité.

— Tu me donnes tellement, alors que moi je ne te rends pas le dixième de ce que tu m'apportes !

— Bien sûr que si, répondait-il. Et il y aura sûrement des périodes de vie où j'aurai besoin de ton soutien, je sais que tu seras là.

Il avait l'art de conclure ces échanges par un de ces baisers qui achevait de la convaincre.

Mélanie l'admirait de rester aussi indulgent envers elle malgré leurs difficultés actuelles. Lui aussi avait souffert, bien qu'il n'en parle presque jamais. Elle l'avait vu dans son regard, lorsqu'il l'avait détourné pour ne pas montrer ses larmes près d'un an auparavant. Pour autant, c'était toujours elle qu'il faisait passer en premier.

— Ce n'est pas moi qui souffre le plus, la rassurait-il.

Quand une relation commence à perdurer, on se demande parfois si elle survivra à des drames de la vie. La jeune femme connaissait déjà la réponse de Carl :

— On n'est pas ensemble pour vivre seulement le meilleur ma chérie.

Le jour de leur mariage, l'été précédent, l'expression « pour le meilleur et pour le pire » dans leurs bouches avait pris un sens dont eux seuls avaient pu saisir le poids. Ces mots avaient scellé une promesse déjà bien réelle pour leur couple. Le pire était déjà dans leurs vies, ils le surmonteraient. Ensemble.

Le fil de ses pensées avait fini par l'apaiser. Quand elle se sentit mieux, elle lui fit un signe de la tête : en fidèle chevalier servant, son mari prit sa main dans la sienne. Il attrapa le sac contenant le cadeau pour leur nièce qui, en réalité, était resté près de la patère du hall d'entrée, puis attira lentement Mélanie à nouveau en direction de l'apéro familial.
Inspire... Expire...
Elle continua de concentrer sur son attention sur sa respiration. Ce fut son mari qui tendit le cadeau de naissance à Aude. Du coin de l'œil, elle perçut combien sa sœur était vexée. Son sourire ne suffisait pas à cacher la raideur de ses lèvres et son agacement. Ce soir-là, elle fut la première à lancer la valse des gifles invisibles que Mélanie encaisserait tout au long du repas :

— Qu'est-ce qu'on dit Aliénor ? On dit *merci Tonton* !

Le *Tonton* lourdement appuyé, soulignant ainsi le manque d'implication de sa jeune sœur.

Les gifles : c'était le nom que Mélanie donnait à ces remarques assassines qu'elle recevait depuis un an, la plupart du temps, sous couvert de très bonnes intentions, mais des intentions aussi peu bienfaisantes que des aiguilles à tricoter pour recoudre une plaie sans anesthésie. Elle ne les supportait plus. Dans ses rêves les plus débridés, elle brûlait sur place tous ceux qui lui faisaient la moindre remarque concernant son état ou sa façon d'aller mieux !

Selon ses observations, il y avait plusieurs catégories de *gifleurs*, tous aussi dignes de la potence les uns que les autres.

Elle avait repéré les moralisateurs, ceux qui en appelaient à son esprit rationnel et minimisaient sa souffrance pour lui rappeler qu'elle n'était pas le centre du monde (*il y a pire que toi...*).

On trouvait aussi les amnésiques : avec eux le balayage ne se fait pas seulement dans les cheveux (*passe à autre chose*).

Ensuite, il y avait les coachs qui, eux, se montraient tout à fait sûrs qu'ils auraient déjà remonté la pente depuis belle lurette, qu'ils auraient relevé le challenge haut la main, bien qu'ils n'aient pas vécu cette épreuve (*faut te secouer maintenant, tourne la page, si j'étais toi, moi je ne me serais pas laisser aller comme toi*).

Et pour finir, on pouvait toujours compter sur quelques philosophes, à qui le sens de la vie avait apparemment été révélé, quelle chance (*c'est mieux ainsi, la nature est bien faite...*) !

Sa sœur avait une catégorie rien qu'à elle, une catégorie hors norme, la pire de toutes : l'égocentrique. *Sa* grossesse à elle. *Son* accouchement à elle.

Son bébé bien en vie. *Son* bonheur qu'elle estimait nécessaire de lui jeter en pleine face. Aude pointait le manque d'altruisme de Mélanie ; Mélanie enrageait du manque d'empathie et de compassion de sa sœur. Comment pouvait-elle imaginer que cette situation soit agréable pour elle ? Qu'elle agissait par égoïsme ? Elle n'avait donc rien compris aux hurlements de douleur que son cœur endurait depuis qu'elle avait appris la grossesse de sa sœur aînée ?

En cette veillée de Noël, juste ce soir-là, Mélanie avait espéré être épargnée par les remarques. Noël ou pas, la considération de son chagrin, en ce jour ô combien symbolique pour elle, ne semblait pas au menu du soir. La remarque amère d'Aude n'était que la première d'une longue série, à laquelle Mélanie ne s'habituait décidément pas.

La seconde arriva quand Claire, la femme de Jonas, lui demanda, l'air de rien, entre deux allées et venues pour apporter les plats :
— Vous avez vu le médecin ?
Mélanie hésita à répondre. Ce genre de discussions ouvrait parfois la porte à une autre catégorie de *gifleurs* : les médecins-psychologues. Des personnes s'improvisant des dons dans ces deux professions et dont l'analyse et les solutions étaient aussi utiles et percutantes qu'un gâteau de merde. Gâteau qu'ils prennent d'ailleurs le plaisir de t'envoyer en pleine

figure pour t'illuminer de leurs grandes vérités nauséabondes.

Mais ma belle-sœur n'est pas comme ça, pensa Mélanie.

Claire avait d'ailleurs connu de grandes difficultés pour pouvoir tomber enceinte. Trois années de parcours du combattant pour parvenir à une grossesse, gémellaire et donc d'autant plus surveillée et stressante, conclue par la prématurité inquiétante de ses petits Nathanaël et Théo, hospitalisés deux mois avant de les savoir écartés de tout danger, une surveillance de plusieurs années suite à leur début de vie mouvementé. S'ils avaient sept ans aujourd'hui, Mélanie espérait que leur mère se souvienne de cette longue errance vécue.

Naïve, elle céda.

— Oui. On a des examens à passer dans les mois qui viennent.

— Ah bon ? De quel genre ?

La devise du médecin-psychologue : plus on remue la merde, meilleur est le gâteau. Mais pourquoi ne se méfiait-elle pas davantage ? Au fond, elle espérait sans doute que quelqu'un l'écoute enfin et reconnaisse sa peine. Et si Aude n'était pas la bonne personne, peut-être Claire l'était-elle ? Juste une fois, qu'elle entende qu'on la comprenne, qu'on imagine le chagrin enduré. Qu'on la prenne dans les bras, qu'on réalise combien ce qu'elle traverse était difficile.

Était-ce le cas de sa belle-sœur ?

— Attends que je me souvienne : j'ai un bilan hormonal, une échographie approfondie des ovaires. Et Carl doit faire un spermogramme.
— Ah oui quand même ! Ça ne va pas t'aider à lâcher prise ça...

L'assiette que Mélanie tenait dans ses mains atterrit un peu plus fort que prévu sur la table.
— Comment ça *lâcher prise* ?

Claire prit un air de sainte vierge, les mains jointes sur la poitrine. Il ne lui manquait plus qu'une petite croix et un voile sur les cheveux pour que l'illusion soit parfaite.
— T'as déjà essayé de ne pas y penser ? À trop focaliser dessus, ça provoque à tous les coups un blocage...

Venant de la part d'une nana qui avait eu besoin d'une fécondation *in vitro* pour devenir mère, la remarque avait beaucoup de mal à passer.

Mélanie mobilisa son énergie pour empêcher l'assiette de s'envoler dans la direction de Claire.
— Et tu crois que si je focalise moins... ?

Elle laissa sa question en suspend pour signifier à sa belle-sœur d'aller au bout de son raisonnement :
— Ça viendra tout seul. Je connais pleins de personnes à qui c'est arrivé.

Mélanie retint les pires réponses qui lui venaient à l'esprit.

Inspire... Expire...

— Et toi, comment t'as fait quand vous avez compris que vous n'arriveriez pas à avoir d'enfants naturellement ? Tu as réussi à *lâcher prise* ?

Une pointe de sarcasme s'était présentée malgré elle ; mais Claire arbora une mine de cocker.

— Ce n'est pas pareil, moi, je suis infertile. Toi non, tu tombes enceinte. Et ça, c'est bon signe. Donc c'est psychologique à mon avis.

L'assiette trembla entre les mains de Mélanie. C'en était trop.

— Papa, je crois qu'il manque le sel à table.

Et elle fila en cuisine, plus rapide que son ombre.

Claire a cru bien faire, Claire a cru bien faire.

C'était le mantra que Mélanie se répétait pour tenter de ne pas commettre un meurtre. Ou pire, un scandale !

N'avaient-ils pas la moindre petite idée de ce que cela lui avait coûté de venir ? Son hésitation, ses questions, ses craintes de vivre ces remarques ? Avaient-ils conscience qu'elle envisageait parfois même de prendre un peu de distance avec eux tous ? Elle aimait les siens, bien sûr qu'elle les aimait. Mais, eux, l'aimaient-ils assez pour ignorer à ce point les souffrances qu'ils lui infligeaient ?

Les remarques de la soirée s'étaient ainsi succédées. Quand Aude avait refusé le vin que leur père lui tendait à cause de l'allaitement, il avait ri de bon cœur en remplissant le verre de sa cadette :

— Au moins, avec toi, pas de souci !

Et d'un clin d'œil nargua la jeune maman, tandis que le cœur de Mélanie se noyait dans une larme rouge tombée de son verre s'étalant sur la nappe.

La jeune femme l'avait dévisagée longtemps, cette tache sur le tissu.

Son corps avait frémi.

Un mauvais souvenir.

Rien qu'un mauvais souvenir.

Son grand frère n'avait pas été en reste. Elle l'avait surpris en grande conversation avec Carl, lorsqu'il s'était exclamé, avec tellement d'innocence et d'évidence :

— Non mais raconte votre voyage de noce. Aux Seychelles, quoi ! Vous ne vous privez de rien ! Bande de veinards !

Bande de veinards.

En référence à l'absence de grossesse, à cette liberté de jeunes époux insouciants qui n'ont encore aucun problème pour faire garder leur enfant, pour prendre l'avion en fonction des vacances de la nounou et de la disponibilité des grands-parents, pour profiter les pieds en éventail au bord d'une piscine sans aucune préoccupation.

Et tandis que les deux hommes avaient continué de parler, Mélanie était restée bloquée sur cette phrase anodine et sur la réponse qu'elle aurait voulu hurler au visage de son frère :

J'en veux, moi, des soucis pour faire garder mon bébé ! Je voudrais bien repousser mon voyage encore et encore ! Je voudrais bien annuler la plage, les cocotiers, la farniente ! Je préfèrerais même ! Le veinard, c'est toi ! C'est toi et tes deux enfants vivants ! Toi qu'ils ont réveillé la nuit, toi qui te prives de vacances pour payer leurs loisirs et les voir grandir heureux !

Et encore, ce soir-là, on lui avait épargné les *ce n'est pas grave*, les *t'en auras un autre*, ou encore *la prochaine fois sera la bonne*. Dans ces moments-là, si elle avait la chance qu'il soit à ses côtés comme en ce Réveillon de Noël, c'était Carl qui répondait à sa place : lui ne voyait pas le mal de ces remarques, insignifiantes à ses yeux.

— Ils ne font pas exprès ma chérie ; ils ne savent pas.

C'était sans doute vrai. Et cette ignorance avait une conséquence : sa douleur, Mélanie la vivait dans la solitude la plus absolue, entourée d'un silence brûlant.

4...

Quitte à se sentir seule, Mélanie s'isola dans le salon, alors que le reste de la famille était encore attablée autour des plats presque vides et des assiettes sales. Assise face à la cheminée, elle fit tourner le verre de vin encore plein entre ses mains. Elle hésitait à boire, au cas où. Ce *au cas où*, cet espoir infime que quelque chose se passe dans son ventre, qu'une vie s'y installe. Et surtout, y reste.

Un an déjà, repensa-t-elle.
Un an que ce drame avait commencé. Une année écoulée, à pleurer, à espérer, à prier, elle qui ne croyait même pas en Dieu. Une année qui aurait dû la transporter dans une vie de rêve, pas dans cet affreux cauchemar.

Depuis le canapé au coin de l'âtre, Mélanie pouvait revivre les événements du 24 décembre précédent, commencés dans ce même salon, dans cette même salle à manger. Elle s'attacha à repérer les différences entre l'année précédente et ce jour, comme dans les jeux pour enfants : là il y avait une guirlande, ici trônaient des chaussettes, alors qu'à présent il y avait des figurines et des bougies.
Elle se souvint de l'excitation qu'elle avait peiné à masquer. Pourtant, Carl et elle avait réussi à at-

tendre le dessert. Personne ne lui avait rien demandé lorsqu'elle avait prétexté un régime pour refuser les alcools. *La précieuse*, comme sa famille l'appelait souvent, aimait faire attention à son apparence, prendre soin de son corps. Les petits kilos en trop qui apparaissaient déjà autour de ses hanches lui servirent d'alibi ultime : non, cette fois, elle s'était prise en main avant les fêtes de fin d'année et elle comptait bien ne pas craquer ! Ils avaient tous opiné du chef, admiratifs devant une telle détermination.

Au moment fatidique, alors que les bouches des enfants se remplissaient de chocolat, que sa mère arrivait en héroïne avec sa magnifique bûche traditionnelle, Mélanie avait lancé à Carl le clin d'œil complice de leur surprise. Elle s'était écriée :

— Bon sang ce qu'il fait chaud ici !

Tous s'étaient tournés vers elle, un peu surpris par sa voix haut perchée ; alors les amoureux s'étaient levés, synchronisés à la perfection et avaient ôté leurs pulls pour laisser découvrir leurs t-shirts personnalisés. Celui de Mélanie portait ce fameux logo de femme enceinte buvant un verre d'alcool dans un cercle barré, tandis que celui de son mari arborait « Je bois pour deux ». Elle les avait fait faire spécialement pour cette occasion, était très fière de son idée d'annonce originale.

Son esprit revisita les réactions de chacun des membres de sa famille. Les paires d'yeux étaient passés de l'un à l'autre, comme pour vérifier qu'ils avaient bien compris la nouvelle. Le sourire béat de son père. Les bras de sa maman qui avaient fondu sur elle avant même qu'elle ait eu le temps de la voir arriver, et sans la bûche, fort heureusement ! Les cris de joie de sa grande sœur. L'instant où Jonas l'avait serrée si fort dans ses bras. Les « Je vais avoir un cousin ! Je vais avoir un cousin » du petit Nathanaël dont les yeux pleins d'étoiles en disaient long sur sa joie. Léonie l'interrogeant « Bébé ventre tata ? » en pointant ladite bedaine. Le t-shirt moulant révélait des petites formes, Aude avait confessé avoir eu des soupçons.

Ces souvenirs emprunts de joie et d'amour... dont il ne restait aujourd'hui que chagrin et regrets. Elle aurait voulu que ne cesse jamais ce moment de grâce.

Le lendemain matin, la vie lui avait fait un doigt d'honneur. Réveillée par d'étranges douleurs, une angoisse incompréhensible l'avait envahie. Elle s'était levée d'un bond pour courir aux toilettes. En baissant sa culotte, elle avait senti son coeur s'arrêter. Du sang. Rouge. Le tissu pâle tâché, les fibres maculées de cette couleur affreuse.

Sa respiration s'était faite saccadée.

Elle avait dû hurler car quelqu'un avait tapé à la porte en demandant qui était là et si ça allait. Comme elle était restée figée, la porte s'était ouverte. Elle avait dû apercevoir le visage de sa belle-sœur ; pourtant, dans son souvenir, son regard n'avait pu se détacher du sang maculant ses cuisses.

Elle se souvint du « Merde ! » prononcé, des mains de Claire qui l'aidait à se rhabiller, puis tout était devenu assez flou.

On lui avait répété : « C'est sans doute rien, ça arrive souvent en début de grossesse ». Claire qui lui avait raconté comment la sienne avait été surveillée à ce stade-là, qu'ils avaient eu peur de perdre leurs bébés, mais que tout s'était bien passé, que ça irait pour elle aussi. Carl s'était occupé d'appeler l'hôpital. Mélanie se souvint qu'elle était restée collée à son torse, sans pouvoir parler. Les battements cardiaques contre son oreille comme seul repère sur le trajet, à l'arrière de la voiture de Jonas. Les douleurs qui avaient tiraillé son ventre. Cette certitude au fond d'elle-même : c'était fini, elle le savait, elle en était persuadée.

Un an plus tôt, Noël avait signé le début de sa descente aux enfers : un jour noir où ils avaient couru jusqu'aux urgences, à patienter des heures, durant lesquelles les seuls mouvements accordés étaient d'aller remplacer les serviettes hygiéniques souillées que Aude lui avait données.

Attente durant laquelle ils s'étaient persuadés, leurs mains scellées, que leur dénouement serait aussi heureux que les témoignages trouvés sur internet, relatant des *happy end* après de véritables hémorragies.

Ce jour pour signer la fin d'une grossesse et entamer une éternité de tristesse.

Elle gardait gravée en elle cette image de l'embryon immobile et cette fatidique sentence lancée par le gynécologue d'une voix détachée.

— *C'est pas pour cette fois madame !*

Quelques jours plus tard, l'opération. Le vide avait remplacé la mort dans son ventre. Il ne restait plus rien. Rien à pleurer. Rien à faire. Rien à aimer. Tout était terminé.

Mélanie et Carl avaient cru les médecins de toutes leurs forces lorsqu'ils leur avaient soutenu qu'il n'y avait pas de raison que ce drame recommence, que c'était courant, que les femmes sont très fertiles après une fausse couche.

Ils y croyaient encore lorsqu'ils avaient vu le test de grossesse positif deux mois plus tard. La peur était présente, pourtant leurs cœurs avaient crié un grand oui à cet espoir naissant. Trois jours plus tard, Mélanie se leva avec ce qui semblait être ses règles et elle se sentit jetée du haut d'un immeuble par la vie. Les sourires rassurants de son gynécologue l'avaient laissée de marbre.

— Ce n'est rien madame, seulement des accidents de parcours, on fera plus d'examens si vous refaites une fausse couche.

Non, ça n'était pas *rien*.

C'était un trou en elle, un vide c'est vrai, mais ça n'était pas *rien*.

Rien, ça ne faisait pas mal à ce point. Comment était-il possible de ressentir une souffrance si inhumaine si ce n'était *rien* ?

— Oh cette fois vous n'avez même pas eu le temps de vous projeter.

— T'es sûre que c'était pas juste un retard de règles ?

Pourquoi le monde entier semblait s'être concerté pour répéter les mêmes phrases en boucle ? Les avait-elle dites, elle aussi, à des femmes qui vivent une fausse couche ? Avait-elle osé planter des coups de couteau dans ces cœurs déjà désespérés ? Elle finit par se demander s'il était possible de comprendre ce qu'une personne qui vit cette épreuve traverse, à moins de l'avoir soi-même vécue.

Peu après, Aude avait annoncé sa nouvelle grossesse. Alors ce fut même de la haine qui envahit Mélanie. Une haine vouée à sa sœur qui était parvenue à tomber deux fois enceinte sans vivre de drame. Dans le plus grand secret de sa douleur, elle s'entendit prier pour que la grossesse d'Aude s'achève elle aussi. *Qu'elle comprenne ma souffrance*, pensait Mélanie. Et puis, aussitôt, elle se punissait de ces pensées fugaces mais bien présentes, pleurait en silence qu'il n'arrive rien à sa sœur aînée dont elle ne pourrait se rendre coupable.

Une troisième fois, les bâtons de test virèrent positif. Cette fois, elle s'était blindée. Si elle l'avait annoncé à quelques personnes, c'était sans grand espoir.

— Il faut pas lui envoyer de mauvaises ondes à ce bébé ! Ça ne peut que fonctionner cette fois-ci ! avaient clamé ses proches dans la confidence.

Elle n'avait même pas espéré faire sa grossesse en même temps que sa sœur.

Une troisième fois, incrédule, Mélanie avait regardé partir son rêve dans une mare de sang. Elle ne sangloterait pas, au prix d'efforts invisibles dont elle seule connaissait le sacrifice : l'espoir et l'avenir brûlaient main dans la main sur le bûcher de l'intolérable.

Trois fausses couches en une année. Trois bébés à ne pas porter. Trois êtres aimés mais non rencontrés. Mélanie se sentit lasse de cette rétrospective. Son ventre vide et inutile ne servait que de cercueil.

À cette pensée, elle porta le verre de vin à ses lèvres et le descendit d'un trait.

5...

Une présence se fit ressentir. Mélanie tourna la tête : Catherine se tenait derrière le canapé, discrète. Elle avait dû sentir le chagrin de son enfant. Une mère sent toujours ces choses-là.

Elle rejoignit sa fille, s'assit à ses côtés. Sa main ridée agrippa la sienne. Un flot de tendresse envahit la jeune femme et elle posa sa tête sur les genoux maternels, comme lorsque, petite, le besoin de réconfort se faisait important.

— Ça va ma chérie ?

Une pointe d'inquiétude trahissait la voix. Sa mère était la seule et unique personne en dehors de Carl qui semblait se préoccuper de son sort et la comprendre.

À demi-mots, elle avait laissé entendre à sa fille qu'elle avait vécu quelque chose de similaire. Personne n'avait osé poser davantage de questions : les souffrances dites étaient déjà bien trop lourdes à porter, alors sortir celles tues depuis des années... Faute de mots, c'était ainsi que Mélanie avait interprété les silences de sa mère.

Elle se contentait de ses attentions compréhensives.

À la question de sa maman, Mélanie haussa les épaules, les yeux larmoyants. La paume chaude frotta son avant-bras.

— Ma chérie... Tu ne passerais pas à autre chose ?

La jeune femme cligna des yeux, abasourdie par les mots qu'elle venait d'entendre.

Pas elle. Pas sa propre mère.

Elle se redressa pour s'assurer que les mots venaient bien de sortir de la personne qui la câlinait.

— Comment ça ?

— Je veux dire : au moins ce soir.

Silence. La gorge de Mélanie se serra.

— Je sais que rien ne soulagera ta souffrance, mais... c'est Noël.

Elle se tourna vers l'âtre brûlant pour cacher sa déception.

— J'ai besoin d'être seule.

La voix était ferme, dure. Un soupir souleva la poitrine de la maman désemparée, sans doute à la recherche des mots les plus doux qui soient.

— Tu sais que je te comprends.

Mélanie répondit sans un regard vers elle, avec froideur et cynisme.

— Pas tant que ça apparemment.

S'il restait encore des pans de son être à détruire, ils venaient de s'effondrer.

Même sa mère... Même elle avait rendu les armes devant l'injonction de ceux qui imposent aux femmes d'effacer ces épreuves de leur vie, d'oublier définitivement leur souffrance. Et d'afficher toujours ce masque de joie, à l'éclat artificiel.

Mais Mélanie s'y refusait. Non, elle ne voulait pas vivre avec un tel poids à étouffer. Elle préférait mourir que d'oublier. Ce jour-ci, plus que nul autre, elle ne pouvait oublier.

— Tu pourrais te réjouir pour les autres. Aude n'y est pour rien, tu sais.

Comme si je ne le savais pas...

À l'extérieur, Mélanie resta de marbre ; pourtant, en elle, les mots se transformèrent en lave. Les paroles de sa mère agissaient déjà comme un poison dans ses veines. Néanmoins, aucune explosion ne vint entacher la jolie soirée que chacun passait. Obligée de renoncer à ses émotions. De feindre. De se taire et faire semblant d'aller bien. Elle se connaissait suffisamment pour comprendre que cette contrainte lui était impossible. Alors elle acta avec elle-même qu'à partir de cet instant, elle prendrait ses distances avec le monde entier pour ne jamais plus avoir affaire à leur manque de considération pour son sort. Elle lâcherait quelques-unes de ses larmes cette nuit, dans l'obscurité de sa chambre, lui permettant de tenir jusqu'au lendemain soir, moment où Carl et elle seraient de retour chez eux. Jusque-là, il lui faudrait déployer une énergie monumentale.

Alors Mélanie crispa ses lèvres, scellant plus encore les mots qu'elle rêvait de cracher sur le monde entier pour le recouvrir jusqu'à la fin des temps. Si elle relâchait ne serait-ce qu'une seconde la tension autour de sa bouche, la catastrophe de Pompéi aurait été relayée aux faits divers face aux dégâts de sa colère.

Sa fille toujours mutique, Catherine soupira une nouvelle fois. Sa main serra une dernière fois son épaule avant de se lever et de repartir auprès des convives. Laissant Mélanie seule.

La lave piquait les lèvres de la jeune femme à présent. Il lui fallait impérativement évacuer une part de cette rage bouillonnante. Elle sentit sa bouche se déformer et une voix qui ne semblait pas la sienne, lugubre et amère, souffler contre les bûches en flamme :

— Ah c'est Noël ! Fais bonne figure, amuse-toi, sois heureuse pour les autres, gnagnagna... Eh bien faisons un vœu tiens, puisque c'est Noël ! Croyons carrément au Père Noël, puisque c'est plus important que ce que je vis ! Cher Père Noël, cette année, je souhaite que tout cela ne me soit jamais arrivé...

Elle n'eut pas le temps de terminer sa phrase. Au même moment, toute la maison fut soudain plongée dans le noir et un silence absolu.

...6

Il ne fallut que quelques secondes à Mélanie pour que l'incident lui parusse suspect. Plus aucun bruit, plus aucun signe de vie n'agitait la maison. Les verres avaient cessé de trinquer. Les enfants de rire. Les adultes de débattre. Un malaise au creux de l'estomac, elle se redressa pour mieux voir en direction de la salle à manger :

— Hé ! Les plombs ont sauté ? Papa ? Maman ?

Dans le silence qui lui répondait, elle se releva, le souffle coupé par une angoisse galopante. Que se passait-il ?

— Vous me faites une blague ? lança-t-elle d'une voix forte. Carl ??? Si c'est une blague, elle n'est pas drôle du tout !

Une blague, ce soir. Elle n'arrivait pas à y croire ! Quel culot ils avaient tous !

Elle s'approcha de la table. Malgré l'obscurité, elle distinguait les chaises vides, la nappe parfaitement lisse qu'aucun plat ni aucune assiette ne froissait.

— Non mais c'est quoi ce délire ?!

La panique se mit à la tenailler. Elle fonça vers le mur le plus proche et, d'un geste compulsif, appuya sur tous les interrupteurs. Aucun ne fonctionna. La nuit avait envahi la demeure. Mélanie n'entendait que son propre souffle, au bord de la crise de panique.

Elle se mit à courir, traversa le couloir, puis la cuisine, aussi vite que si un fantôme la poursuivait. Elle ouvrit la porte menant au garage. Après avoir tâtonné quelques minutes jusqu'à trouver le disjoncteur, pestant de ne pas avoir pensé à prendre son téléphone portable, elle finit par trouver et actionner le bouton : la lumière revint et une once de soulagement l'autorisa à respirer.

Aussitôt, elle sentit la colère s'emparer de son corps : après les remarques désobligeantes, lui procurer une peur pareille relevait d'un manque totale d'humanité ! Sa famille avait dépassé les bornes ! Le pire : Carl s'était visiblement enrôlé dans leur mutinerie. Mélanie enrageait.

Pourtant, quelque chose ne tournait pas rond dans ce scénario. Son mari n'aurait jamais osé lui faire un coup pareil... Et puis comment avaient-ils eu le temps de tout ranger aussi vite ? Comment avaient-ils pu se cacher à toute vitesse ?

Elle clignait des paupières pour éviter que le nœud de sa gorge ne se transforme en flot de larmes.

Décidée à trouver une explication, elle revint vers la cuisine.

— Ils vont m'entendre... grinçait-elle entre ses dents, la mâchoire scellée. Me faire une blague ! À moi ! Aujourd'hui !

Elle refermait la porte, quand un cri strident lui glaça le corps tout entier.

— QUI ÊTES-VOUS ??? QUE FAITES-VOUS LÀ ???

Dans la cuisine, face à elle, une femme au visage déformé par la peur la tenait en joue, un couteau à la main. Sous l'effet de l'effroi, Mélanie leva les mains en signe d'innocence. Avant de se ressaisir le seconde suivante et de vociférer envers l'intrus :

— Non mais que faites-vous, *vous*, chez mes parents ???

Passèrent quelques étranges minutes, où chacune toisa l'autre. Les jambes de Mélanie flageolaient sous l'effet de l'adrénaline.

— Mais, vous êtes... Tu es...
— C'est impossible... murmura l'autre.

...7

— C'est impossible... souffla à nouveau la femme en lâchant son couteau par terre avant de s'enfuir de la pièce.

Mélanie restait tétanisée. Le sang figé, le cœur suspendu, son corps ne lui répondait plus. Comment était-ce possible ? Elle courut vers l'évier, ouvrit le robinet pour s'aspergea le visage à grandes eaux.

— C'est juste un rêve. Je vais me réveiller. C'est juste un rêve et je vais me réveiller... répéta-t-elle en boucle, comme si cette litanie pouvait conjurer un mauvais sort.

Elle s'appuya contre le rebord en porcelaine, les yeux fermés, choquée, à la recherche d'un semblant d'air dans ses poumons.

Quand ses paupières se soulevèrent, son regard fut happé par-delà la fenêtre. Dehors, le ciel encore noir laissait entrevoir des filets de lumière orange dans les nuances bleutées qui émergeaient.

Le lever du jour.

C'était impossible. À part avoir vécu un coma, aucune hypothèse réaliste à ce changement soudain de temporalité n'émergea à l'esprit de Mélanie.

La voix de l'autre femme lui parvint une nouvelle fois, plus lointaine, depuis le hall d'entrée.

— Une inconnue est entrée dans la maison où je loge, je vous en prie venez vite !

Ressaisie, elle accourut vers elle. L'étrangère fit tomber son téléphone et se figea contre la porte d'entrée, l'endroit le plus éloigné de la jeune femme.

— NE M'APPROCHEZ PAS !

— Attendez, attendez...

Mélanie tâchait de rester la plus calme possible. Elle repensa à Carl et à son torse apaisant qui l'aidait toujours à retrouver une once de sérénité. Mélanie se mit à inspirer avec lenteur et profondeur, essayant de focaliser son attention sur l'air qui frémissait au bord de ses narines. Cela pourrait peut-être apaiser cette autre femme...

— N'appelez pas la police... s'il vous plaît ! Vous voyez bien qu'il y a quelque chose d'anormal dans cette situation. Ils vont penser que vous êtes folle.

L'interlocutrice restait plaquée au mur et Mélanie put alors l'observer. Emmitouflée dans un grand peignoir bleu, dont les manches grelottaient, les cheveux ébouriffés ; le sang battait le long de sa gorge, comme une proie craignant que son prédateur ne lui saute dessus pour la dévorer. Sa technique de relaxation semblait peu efficace. Néanmoins elle aperçut le téléphone au sol.

Appel terminé, put-elle lire sur l'écran.

Ce qui lui laissait une nouvelle chance de parler, de comprendre.

Sans se laisser décourager, elle continua :

— On peut peut-être se calmer et discuter ?

Haletante, terrifiée, l'autre ne semblait pas prête à relâcher sa panique.

— Comment est-ce possible...

Mélanie crut que l'inconnue sur le point de perdre connaissance, mais au même instant son regard se tourna vers le large miroir qui parcourait le mur qui longeait le corridor. À son tour, Mélanie tourna la tête dans cette même direction : leurs deux portraits se reflétaient.

— Je l'ignore...

Leurs visages se faisaient face. Deux visages identiques trait pour trait.

...8

Mélanie devait tenter quelque chose. Poser des questions. Explorer des pistes.
— Ok, comment tu t'appelles ?
Ses mots se voulaient sûrs et fermes, même si, dans sa voix, pointait la terreur de découvrir la vérité. Celle qui lui ressemblait tant avala sa salive. Son menton semblait secoué de spasmes, sa bouche incapable de sortir un son. Mélanie ferma les paupières : sans doute les réponses lui apparaitraient-elles moins réelles ainsi.
— Je... m'appelle... Mélanie.
Chamade du cœur. Mélanie rouvrit les yeux. Que se passait-il ?
— Ok... Ok... Nous sommes peut-être de lointaines parentes ou des sosies, quelque chose de ce genre... Moi je m'appelle Mélanie Motin, ou plutôt Mélanie Terme. Oui, c'est ça, Terme, c'est mon nom de jeune fille.
L'autre porta sa main contre sa poitrine pour camoufler l'accélération de son cœur, pourtant Mélanie crut l'entendre. À moins que ce ne fut le sien qui faisait tant de bruit ? Un pauvre filet de voix sortit de l'autre gorge.
— Je... Je m'appelle... Mélanie Terme. Mon nom d'épouse... c'est Motin.
Mélanie n'en revenait pas. C'était absurde.

— Comment pouvons-nous avoir le même visage et le même nom ? Sommes-nous... articula-t-elle, difficilement, la bouche de plus en plus sèche, avant de se taire, n'osant terminer sa phrase.

C'était invraisemblable. Ce fut l'autre qui prononça les mots impossibles à penser, à prononcer :

— La même personne ?

— Qui sont tes parents ? reprit Mélanie, la voix plus forte, prête à en découdre avec ce cauchemar.

— Jean et Catherine Terme.

Elles reprirent leur silence. Un silence qui encaissait, absorbait la réalité irréelle.

— As-tu des frères et sœurs ? demanda l'autre femme, soudain entreprenante.

Mélanie n'hésita pas une seconde.

— Deux. Jonas et Aude.

— Ok... Et comment s'appellent tes enfants ?

Mélanie cessa de respirer.

Non. Pas ça. Tout, tout, MAIS PAS ÇA.

— Je... Je n'ai pas d'enfants.

Les sourcils de l'autre femme se soulevèrent de surprise. Une information venait-elle de dissoner entre leurs vies respectives ? Mélanie l'interrogea du regard, mais déjà son double parut plongée dans ses réflexions. Quelques secondes passèrent sans qu'aucune d'elles ne relancent l'interrogatoire.

Des éclats de voix leur parvinrent depuis l'extérieur. Les yeux face à elle la dévisagèrent, sortant de leurs orbites, prêts à rouler comme des billes au sol. Puis, d'un geste brusque, elle poussa Mélanie quelques mètres derrière elle dans le hall d'entrée avant de l'enfermer dans les toilettes.

— Cache-toi ! lui ordonna-t-elle, sans lui donner le temps de poser des questions. Tout de suite !

À peine la porte refermée sur elle, Mélanie se laissa retomber sur la lunette fermée. Le mystère de cette femme lui provoqua des vertiges, qui s'accentuèrent avec le bruit de la porte qui s'ouvrait sur plusieurs personnes qui pénétraient dans la maison.

Tandis que l'autre accueillait du monde dans la maison, Mélanie ne put s'empêcher de chercher à comprendre. Ces deux femmes avaient la même identité, un physique pour ainsi dire similaire.

Pourtant, il y avait des différences aussi. Qu'est-ce que tout cela signifiait ? L'autre femme semblait avoir reconnu les personnes qui venaient d'entrer. Était-ce vraiment la maison des parents de Mélanie ? Si ce n'était pas le cas, où était-elle ? La demeure ressemblait à s'y méprendre à celle qu'elle connaissait depuis l'enfance.

Aucune réponse n'éclaircissait le nuage intérieur de ses pensées. Au contraire, il s'épaississait à chaque nouvelle question soulevée.

Elle n'avait qu'une envie : sortir et parler à cette femme, tout savoir d'elle, tenter de comprendre ce qui lui arrivait.

Le son des voix coupa le tourbillon de son esprit. Elle pressa son oreille contre la cloison qui la séparait du couloir : un homme et plusieurs enfants. La voix masculine ne lui était pas inconnue, lui fit l'effet d'un insecte venant de remonter le long de son dos.

— Ça va, ça va, bougonna l'homme. Timéo voulait rester chez ma mère, il a fallu gérer la crise...

Carl ! C'était lui, elle l'aurait reconnu parmi mille autres ! Prise d'un élan de joie, elle s'apprêta à sortir, à courir dans ses bras pour trouver du réconfort, toucher à nouveau un espace connu dans lequel elle se sentirait en sécurité.

Cependant, sa main s'arrêta aussi vite face à la poignée. Quelque chose clochait... Ce n'était pas normal qu'il ne fût pas du tout dérangé par la présence de la femme en peignoir.

— Oh c'est pas vrai, tu as sali ta dernière chemise propre ! reprocha la voix de cette dernière.

— Pas grave. Je mettrai un t-shirt.

Les neurones de Mélanie élaboraient un début de compréhension.

Cet homme devait être son mari à elle, à l'autre Mélanie. À bien écouter d'ailleurs, il lui semblait différent du Carl qu'elle connaissait : un timbre qu'elle avait du mal à reconnaître, des silences entre les mots, une gêne dans leur manière de se parler l'un à l'autre.

D'autres bruits. Plus aigus, pêle-mêle et désordonnés : les enfants. Oui, « les » : Mélanie en comptait bien plusieurs. Elle reconnut entre autres la voix d'une fille. Leur mère semblait tout près de la porte des toilettes à présent.

— Ils ont pris le petit déjeuner ? entendit-elle.
— Bien sûr, qu'est-ce que tu crois ?
— Je pose juste la question...

La froideur de ces échanges glaça Mélanie.

— Tu peux les occuper encore un peu à l'étage, pendant que je range et nettoie le rez-de-chaussée ? Rien n'est prêt.

— Qu'est-ce que tu veux que je fasse d'autre de toute façon ?

Le volume des voix diminuait à nouveau, ce qui permit à Mélanie d'identifier qu'ils s'éloignaient, rendant les conversations incompréhensibles. Elle devina aux grincements que l'on montait les marches.

La situation l'avait troublée plus qu'elle ne voulait l'admettre.

C'est comme si c'était Carl et moi, pensa-t-elle, *et en même temps, ce n'est pas nous...*

Quel que soit le monde dans lequel elle avait atterri, elle ne pouvait imaginer que son couple se comporte ainsi. Cela n'avait aucun sens. Elle avait dû faire une erreur d'interprétation. La femme en peignoir devait juste être stressée et se comporter de façon inhabituelle aux yeux de son mari.

Oui, ça doit être ça.

Deux coups délicats la firent sursauter et sortir de ses hypothèses. La voix féminine était revenue et souffla derrière la porte :

— Sors de là !

...9

Mélanie n'avait pas tout à fait ouvert que déjà son double la saisissait avec vigueur pour l'emmener de force vers l'entrée. Ses forces décuplées, elle ne ménageait pas la jeune femme. Elle peina à réagir et à se défendre.

— Faut que tu t'en ailles !

Cette phrase fit sortir Mélanie de ses gonds. À voix basse, pour ne pas alarmer le reste de la famille à l'étage, mais elle n'allait pas se laisser faire.

— Non mais attends ! Ici c'est chez *mes* parents aussi je te signale ! Je suis censée passer Noël ici, moi aussi ! C'est peut-être à toi de partir d'ailleurs.

L'autre la relâcha. Mélanie pouvait sentir toute son indécision. Ses yeux passaient de l'escalier à la jeune femme, de la jeune femme à l'escalier.

Elle a peur de voir débarquer Carl ou un des enfants...

— Et si je ne suis pas vraiment chez moi, ajouta-t-elle pour jouer cartes sur table, comment je fais pour rentrer : je ne sais même pas comment j'ai fait pour arriver ici ?

Le regard de l'autre femme lui renvoya ses questionnements :

— Comment ça ? Tu ne sais pas comment t'es arrivée ici ?

Mélanie inspira un grand coup, fouilla ses souvenirs.

— J'étais en train de fêter Noël avec les parents, Jonas et Aude : l'électricité s'est coupée, je suis allée au compteur. Tu connais la suite, puisque tu m'as pointée avec un couteau quand même.

La femme frotta ses yeux et ses tempes.

— C'est un cauchemar !

Mélanie haussa les épaules.

— Je n'en sais rien, je n'y comprends rien non plus si tu veux tout savoir...

Malgré son abattement, l'autre femme semblait loin de renoncer à la mettre à la porte. Sa main atteignit la poignée tandis qu'elle mettait en ordre ses pensées :

— Et si Carl et les petits te trouvent ici ? Non, ce n'est pas possible... T'imagines le traumatisme ?! Sans parler de demain : comment allons-nous faire avec les parents qui rentrent, Jonas et Aude et qui arrivent... Tu ne pourras même plus te cacher ! Non, il faut vraiment que tu rentres chez toi.

Mélanie lui saisit les épaules, l'obligea à faire face à son désarroi :

— Mais comment je fais ? Explique-moi comment je peux être sûre que mon chez moi existe ? Et si c'est le cas, je fais comment pour me rendre à une heure de route d'ici, sans voiture, sans permis ? Je demande à ton mari de me ramener peut-être ?

Un éclair traversa les yeux de l'autre.

— Tu ne l'as pas encore ?

— Pas encore quoi ?

Mélanie se sentait perdue. Pourquoi fallait-il que le mystère s'épaississe davantage, n'était-il pas assez gros comme ça ?

— Tu n'as pas encore le permis ?

— Non ! Parce que toi tu l'as ?

Donc l'autre avait des enfants. Et elle avait le permis.

— Oui, je l'ai passé après avoir eu ma fille.

À l'évocation de cet enfant, Mélanie feint de ne pas entendre son âme se morceler. C'était une piste, et elle semblait sérieuse pour son interlocutrice. Elle focalisa sur ce raisonnement qui prenait forme et apportait un début de logique.

— Tu veux dire que je suis peut-être une version de toi...

— Du passé ! De lorsque je n'avais pas encore mon permis ni d'enfant !

Elle invita Mélanie à se tourner, guidant son torse pour faire à nouveau face au miroir.

— Regarde, c'est cohérent : tu es plus jeune, j'ai quelques cheveux blancs, quelques rides. Ça se voit qu'on n'a pas le même âge !

Partagée entre l'incrédulité et une émotion indescriptible qui venait de réveiller ses entrailles, Mélanie demanda :

— Mais alors, quel âge as-tu ?

— 35 ans.

— J'en ai 28. Ça colle en effet.

Son cœur se mit à battre plus fort. Un espoir fragile venait de naître, comme on croit voir une étoile dans un ciel de nuit noir, dans la crainte de le confondre avec un satellite ou un avion. Il lui fallait vérifier. S'assurer que c'était réel. Fébrile, les lèvres brûlant d'impatience d'entendre la suite, elle récapitula la situation :

— Tu as 35 ans, et tu as des enfants, c'est ça ?
— Oui, trois, confirma-t-elle.

Les mains de Mélanie se joignirent devant son visage. Une joie infinie s'empara d'elle, qu'elle contint par discrétion.

— Tu es moi ! Tu es moi dans sept ans ! Je vais avoir des enfants !

La vague de soulagement et d'amour qui baignait Mélanie fut de courte durée. Quelque chose dans l'autre visage coupait cette semence, qui n'aurait pas le temps d'éclore.

— Quoi ?

La femme secouait la tête.

— C'est bizarre. Y a un truc qui ne colle pas.

Mélanie fronça les sourcils.

— Je pense qu'on est d'accord pour dire que nous sommes la même personne, à deux moments distincts de notre vie. Tu as 28 ans, j'en ai 35 ; donc ça, c'est cohérent. Ce qui m'interpelle, c'est tu m'as dit ne pas avoir d'enfants.

Elle se tut. Comme si elle pensait que la jeune version d'elle pouvait voir où elle voulait en venir.

— Et... ? dut intervenir Mélanie.

— Tu as 28 ans et tu n'as pas d'enfants.

Elle se mordit la lèvre.

— Or j'ai eu ma première à l'âge de 27 ans... En juin 2022.

...10

Mélanie ne parvint pas à rattraper son cœur qui détalait le plus loin possible hors de sa poitrine. Son corps exsangue s'étala contre la porte, s'écroula au sol. Les mots avaient beau tourner devant ses yeux, elle se refusait à les comprendre.

— Ce n'est pas possible... Ce n'est pas possible...
— Fais moins de bruit ! s'inquiéta l'autre.

Mais la jeune femme n'entendait plus rien. Face à l'élucidation du mystère, retenir son chagrin lui poignardait l'âme.

— Faut que ça s'arrête ! Ce cauchemar doit s'arrêter ! grelottait-elle entre deux hoquets.

Elle leva les yeux vers la seule personne présente pour elle à ce moment-là, cherchant son aide. Au lieu de cela, elle comprit rapidement que seul l'embarras la tourmentait. Debout, l'air penaud, un ongle entre les dents, elle scrutait l'escalier et le retour possible de son mari ou de sa progéniture à coups d'œillades indiscrètes.

Chacune a ses problèmes et ses priorités, réalisa Mélanie.

Il n'y avait rien à attendre, rien à faire de plus avec cette femme. Il lui fallait se reprendre. Ce n'était pas ici qu'elle trouverait du soutien. Ce n'était pas le bon moment pour lui parler de son histoire.

— Tu n'es pas mon futur, soupira Mélanie.

Le visage de l'autre femme brassa l'air d'une main en signe d'interrogation.

— Mais alors, quel est le lien entre nous deux ?

Mélanie contrôla ses larmes, essuya ses joues.

— Où je me cache ?

— Tu... Tu es sûre que ça va ? demanda sa double, soudainement préoccupée par l'état de la jeune femme.

— Oui oui, ça va aller.

Elle mobilisait tant bien que mal ses forces pour s'accrocher à la porte, se relever sans s'écrouler. Elle ne demandait qu'à se poser un instant, un moment de solitude pour déposer tout ce fardeau trop lourd et impossible à accepter.

— Si tu vas bien, tu peux t'en aller alors ? proposa la femme en peignoir.

Puis, le visage rouge, elle baissa les yeux en ajoutant :

— J'espérais vraiment que tu partes en fait.

C'en était trop pour Mélanie, de plus en plus abattue par le comportement égoïste de cette femme. Un profond dégoût marina dans sa bouche. Il était à présent évident qu'elle ne l'aiderait pas.

Pour qui elle se prend ? Comment se peut-il qu'une autre moi soit aussi méchante et individualiste ? Je ne suis pas comme ça pourtant...

Elle secoua la tête, ferme.

— Non ! Je te l'ai dit : je n'ai aucune idée de la manière dont je suis arrivée, je dois réfléchir et découvrir comment repartir.

La maîtresse des lieux manifesta son mécontentement, la mine affligée et les bras croisés sur sa poitrine. Le silence retomba entre elles.

Mélanie ne cherchait pas vraiment de solution, mais les secondes passant, une possible confrontation avec Carl et leurs marmots lui parut également insurmontable.

Qu'est-ce qui serait le plus dur ? Voir celui que j'aime dans les bras d'une autre, une autre moi certes, mais une autre quand même ? Ou de voir la progéniture que je ne pourrai jamais avoir ?

Son regard s'arrêta sur la porte de l'autre côté du couloir, sous les escaliers. Dans la vie de Mélanie, c'était là que se trouvait la chambre de son frère.

— La salle de bain de Jonas ? demanda-t-elle.

La pièce possédait sa propre petite salle d'eau attenante. Pendant longtemps, la chambre avait servi aux amis de passage, puis Jonas y avait élu domicile à l'adolescence. C'était encore là qu'il dormait avec Claire lorsqu'ils s'invitaient dans la maison familiale.

Ce réduit ferait bien l'affaire de Mélanie quelques heures, le temps de remettre ses idées en place.

— J'ai vraiment peur qu'on te voie, répondit l'autre femme, mais bon si tu ne bouges pas de là-bas, tu ne croiseras personne : elle est libre, Jonas n'arrive que demain. Je te préviens, ajouta-t-elle un doigt menaçant en l'air, c'est juste le temps d'éclaircir cette situation. Ensuite, tu dégages !

Et tu me diras pour aller où ? ironisa Mélanie en son fort intérieur.

Gardant son amertume pour elle, elle poussa l'autre femme, assez fort pour qu'elle finisse plaquée contre le mur, avant de se diriger en silence vers l'escalier. Elle suivit le corridor étroit qui longeait le mur de la cuisine puis ouvrit la porte tout au fond, sans même jeter un regard derrière elle.

Une fois la porte refermée, elle s'adossa contre, prit quelques instants pour accuser le coup. La pièce était très différente de celle de son souvenir, néanmoins elle n'y prêta que peu d'attention. Elle dédaigna le lit aux draps fleuris, la jolie armoire neuve, les étagères décorées avec goût, passa à côté de tous ces détails pour s'introduire dans la salle d'eau, qu'elle ferma à clé, par sécurité.

Là, à l'abri, elle s'assit contre un mur.

Son cerveau commença à sortir de la torpeur du choc, à remettre en place les différentes pièces du puzzle, à laisser la vérité se dessiner.

Alors, seulement, elle s'autorisa à pleurer.

...11

Recroquevillée contre un mur de carrelage froid, Mélanie laissait couler les larmes sur ses genoux. Cette situation était si cruelle. À quel point la vie lui en voulait-elle pour l'avoir jetée dans cette autre temporalité ? Qu'avait-elle fait de mal pour qu'on la fasse souffrir ainsi ? Les mots de l'autre tournaient en boucle dans sa tête.

J'ai eu ma première en juin 2022.
C'était la clé de compréhension de la situation. L'autre Mélanie était celle qui avait porté et donné naissance à ce petit être qu'elle avait perdu à Noël, un an plus tôt. Elle se souvenait parfaitement de la date de son terme : le 24 juin. Son bébé aurait donc dû naître ce mois-là, comme celui de cette Mélanie. Et elle avait trois enfants, ce qui correspondait au nombre de fausses couches qu'elle avait vécues.

Cette autre femme vivait donc sa vie rêvée. Celle qu'elle aurait dû connaître si tous ces enfants perdus étaient venus au monde. Une force invisible avait décidé de l'envoyer au pire endroit de l'Univers, là où la Nature l'avait récompensée de l'amour maternel, d'une vie familiale épanouissante. L'amère jalousie lui rongea les entrailles. Une envie de vomir de colère monta dans son œsophage.

Pourquoi tout cela lui arrivait-il ? Trop réel pour n'être qu'un cauchemar. La punissait-on pour ses fausses couches ? Pour une faute qu'elle avait commise ? Ou peut-être était-elle morte et plongée dans son enfer à elle, condamnée à vivre la pire des situations qui soient, la pire des sentences. Si c'était le cas, les dieux ne s'étaient pas ratés !

La tristesse l'envahit davantage quand ses pensées se tournèrent vers Carl. Son Carl. Il lui manquait tellement dans ce lieu inhospitalier. Il aurait trouvé les mots, lui, pour l'apaiser et la rassurer. Elle se serait blottie contre son cœur, il aurait soufflé qu'il l'aimait et elle aurait cru que cela suffirait à les sauver.
Je ne le reverrai peut-être plus...
À cette idée, sa bouche dut se tordre pour retenir toute sa souffrance.

Combien de temps resta-t-elle là, prostrée, dégoulinante et désespérée ? Elle n'y fit pas attention. La notion de temps avait disparue. Au dehors, par la lucarne de verre trempé, c'était le plein jour, mais l'heure et le temps qui passaient avaient perdu leur logique rassurante : ils étaient devenus ses pires ennemis, preuves irréfutables de la malédiction de sa propre existence.

Soudain, un bruit suspect. Instantanément, Mélanie ravala ses gémissements. La porte de la chambre de Jonas venait de grincer. Des pas bruissaient dans la pièce d'à côté. Elle retint sa respiration.

Pourvu que ça soit l'autre moi...

Ça pouvait tout aussi bien être son frère qui venait d'arriver. Enfin, le frère de son alter ego.

Les yeux rivés sur la poignée, elle tremblait de l'imaginer bouger.

Mais rien ne se passa. Personne n'essaya d'ouvrir. Il n'y eut d'abord que l'empreinte sonore d'une silhouette en mouvement. La personne se déplaçait dans la pièce. Une chaise bougea contre le mur. Puis une voix. Un murmure, que la cloison plutôt fine laissait parvenir jusqu'à l'otage de la salle d'eau attenante.

— Oui. C'est moi... Ça va depuis tout à l'heure ?... Pffff comme d'hab, ici.

La voix de Carl.

Carl ! À nouveau, elle eut cette envie de courir jusqu'à lui et de lui sauter dans les bras, juste avant de se raviser : il ne la reconnaîtrait sûrement pas lui non plus...

Sa main caressa ce mur qui les séparait, si fin qu'elle pouvait sans effort suivre le monologue, et à la fois si épais qu'il les éloignait de plusieurs vies. Son cœur ne pouvait s'empêcher de battre d'amour. Elle déposa son front contre la porte, avec délicatesse pour ne pas être entendue.

Si tu étais là, tu saurais quoi faire toi...

— Tu me manques aussi... Je vais bientôt te rejoindre. ...M'en parle pas, je n'en peux plus. Rien que d'y penser, je voudrais déjà être ailleurs ! ...Moi aussi je t'aime.

Un sourire à l'idée que ces mots puissent répondre à ceux qu'elle avait formulés dans sa tête passa sur son visage. Suivi, la seconde suivante, de l'impression qu'une bombe nucléaire venait de raser la surface de la Terre.

Bon sang, mais il parle à qui là ? C'est quoi ce bordel !

Elle se redressa, les sens aux aguets.

— Non, je ne sais pas encore quand. Tu sais bien, elle est fragile, je ne veux pas faire mal les choses. Et puis y a les enfants. ...Ne commence pas s'il te plaît. ...Oui, tu peux compter sur moi, tu le sais bien.

Il doit être en train de téléphoner à quelqu'un...

Mais ces conclusions ne l'apaisaient nullement. Carl, son amour, son pilier, son âme sœur. De l'autre côté de la porte, c'était cet étranger, un homme froid et brut avec sa femme, qui venait de prononcer des mots doux, d'une voix plus suave.

Et Mélanie fut certaine d'une chose : ces paroles n'étaient pas destinées à sa femme.

...12

Lorsque Mélanie fut certaine que Carl avait quitté la chambre, l'angoisse monta. Tout le poids de ce cauchemar venait de retomber sur sa poitrine et l'oppressait à l'en étouffer. Elle sortit à toute vitesse de la salle de bain.

Besoin de respirer.

Besoin de comprendre.

Ses pas creusaient un sillon sur les trois côtés du lit qui ne reposaient pas contre un mur. Dans sa tête, elle récapitulait la situation, suffoquant un peu plus à chaque détail : elle était dans la vie de cette femme, qui était elle si elle avait eu des enfants à la place de vivre des fausses couches. Quant à la conversation qu'elle venait de surprendre, elle lui laissait entendre que son mari, le Carl de cette autre, la trompait...

Que signifiait tout cela ? Devait-elle en déduire que s'ils avaient eu des enfants, son mari et elle n'auraient pas été heureux ?

C'est ridicule bon sang ! On s'aime tellement ! Comment cela a-t-il pu leur arriver ?

Ces gens ne devaient pas avoir les mêmes bases de relation qu'eux. Il ne pouvait pas y avoir d'autre explication.

Carl et elle, c'était du solide. Ce Carl et cette Mélanie n'avaient pas dû autant miser sur leur complicité, sur leur lien d'amour ; ils avaient dû oublier de parler ensemble, de se dire les vérités qui fâchent, de rêver des projets tard dans la nuit, de s'embrasser chaque matin au réveil.

Pourtant, l'idée que ce couple qu'elle ne connaissait pas se sépare lui était intolérable : elle se sentait aussi malheureuse que si le sien était en péril. Elle voulait à tout prix se convaincre qu'ils ne risquaient pas de telles perturbations.

Cette vie reflétait ses pires peurs. Ses pensées allèrent jusqu'à laisser passer l'hypothèse d'un adultère de son mari et, la vue brouillée, au bord du malaise, Mélanie tomba à la renverse sur le lit. Il y avait trop de questions et son corps commençait à agoniser de tant de confusion, d'imprévus et de tristesse.

Elle s'interrogeait sur la possibilité que ses symptômes soient en réalité une crise cardiaque quand la porte grinça à nouveau. Elle tourna la tête vers l'embrasure, tétanisée. Elle aurait voulu courir, se cacher. Voire rouler derrière le lit, s'y tapir comme un chien apeuré. Mais il était trop tard. Carl allait revenir, la surprendre, se questionner...

Les scénarios s'arrêtèrent aussitôt qu'elle comprit que personne n'entrait. Pour le moins, pas à hauteur d'adulte. Il fallut que ses yeux descendent jusqu'à la poignée.

— Eh maman ! Je peux me cacher ici ?

Leur fille. C'était leur fille. Tout au plus âgée de sept ans, des traits malicieux encadrés d'une chevelure brune où s'enroulaient des mèches mal peignées.

Et un sourire solaire, qui venait de pénétrer la pièce en même temps que dans le cœur de Mélanie.

Muette, tout autant d'effroi que d'émerveillement, la jeune femme ouvrait et fermait la bouche comme un poisson.

— Qu'est-ce que tu fais ici ? demanda la petite. Tu te caches toi aussi ?

Elle referma la porte derrière elle avant de la rejoindre sur le lit.

Mélanie aurait pu répondre, mais les mots s'évanouissaient face à cette apparition. L'espace d'une toute petite seconde, elle pensa à fuir. Ce réflexe avait été très vite balayé par sa fascination pour celle qui aurait pu être son enfant, plus belle encore que dans tous ses rêves les plus fous. Elle ne cessait de la dévorer des yeux, de scruter le moindre des détails de son visage. La petite grimpa sur le lit et s'agenouilla à ses côtés. Une douce odeur de vanille émanait de sa peau dorée.

Elle me ressemble... s'émut la jeune femme.

Le plus beau fut de plonger dans les deux iris couleur noisette : en cet endroit précis, elle toucha du doigt sa raison de vivre, et sans doute aussi son âme. Ses déboires, ses pertes, ses douleurs, s'évaporèrent comme par magie. Elle oublia tout ce qui lui était arrivé, et aussi qu'elle n'était pas la maman de cette fille, qu'elle n'avait pas à être là, ni à être vue, que la vie l'avait privée du droit à la rencontrer un an plus tôt.

— Tu es... si belle...

L'enfant répondit d'un grand sourire, où une incisive manquait, ajoutant une note d'espièglerie à ce minois innocent, portrait idéal de celle qu'elle aurait aimé tenir dans ses bras et voir grandir.

— Toi aussi maman, t'es trop belle !

Le cœur de Mélanie gonfla d'un coup, lui parut atteindre la taille d'une planète, de l'Univers. La sensation était presque trop forte, trop intense, et à la fois source d'une ivresse addictive. Elle aurait voulu mettre en boîte ce moment, l'enfermer tel un trésor dans une bouteille en verre, pour y revenir toujours, sans jamais s'en lasser.

Si ce cadeau était la récompense de ses précédentes heures de détresse, cela valait tous les sacrifices.

C'est donc ça, être une maman...

... 13

Mélanie aurait pu ne jamais cesser de regarder la fillette. La dimension du temps prit une forme complexe et alambiquée ; il ralentit jusqu'à convertir les secondes en heures, puis en éternité. Pourtant, elle pouvait déjà percevoir la cruelle frustration de la trop courte durée de cette rencontre.

Tandis qu'elle photographiait en silence chacune de ses mèches de cheveux, chaque mimique de son visage, chacune des étoiles qui brillait dans ses yeux, la petite s'allongea aux côtés de Mélanie et l'observa avec l'amour des enfants pour leurs parents.

— C'est vrai que t'es belle maman. T'es belle, mais t'es triste, ajouta-t-elle sur un ton bien trop sage pour son âge.

— Pourquoi tu dis ça ? s'étonna Mélanie, piquée par cette dernière phrase.

La fillette répondit d'un sourire entendu, rappelant à Mélanie de se mettre au plus vite dans la peau de cette maman qu'elle n'était pas.

Ne pas éveiller ses soupçons, pensa-t-elle, bien qu'il lui parût évident qu'elle était bien trop petite pour s'apercevoir de ce qui se tramait dans le monde compliqué des adultes.

— Tant que je te vois, je suis heureuse ! ajouta la jeune femme pour atteindre l'évidence de l'instinct maternel.

La petite dévoila son sourire édenté, du genre à faire fondre un iceberg en deux secondes, avant de demander, de sa voix aigüe et avec une diction propre aux enfants de son âge :
— Pourquoi t'es là ?
Mélanie répondit d'un haussement des épaules. Elle n'avait pas envie de redonner forme à sa matinée cauchemardesque, ne fut-ce que dans son imagination. Sa seule volonté était de profiter de cette vision trop miraculeuse pour être interrompue. Être sa maman, l'espace d'une seconde, d'une minute... Par-dessus tout, faire perdurer cette situation.

Cependant, la réalité lui fit rapidement face. Comment être capable d'interpréter le rôle de sa mère ? Qu'aurait-elle répondu, elle ? Serait-elle crédible en maman gâteau, ou devait-elle prendre de la distance ?

Tandis qu'elle essayait d'échafauder une histoire pour endormir les questionnements de cette enfant, cette dernière, impatiente, s'empressa de répondre à sa place, un mystérieux sourire au coin des lèvres et dans la voix :
— Moi, je sais pourquoi t'es là...
Attendrie, Mélanie s'allongea sur son flanc, plia le bras et posa sa tête sur sa main. Sa facilité à se mettre à hauteur d'enfants lui était revenue : la Mélanie rieuse, joueuse, la Mélanie enjouée, câline, enfantine, s'était réveillée, prête à donner le change. D'un regard exagérément suspect, elle défia la petite sur le ton de la plaisanterie.

— Ah oui ? Tu sais ça toi ?

La brunette apprécia visiblement le jeu, ménagea son suspens. D'abord elle rit entre ses mains, où se dessinaient des creux qui n'étaient pas sans rappeler sa vie de bébé pas si lointaine. Puis, tout en se rasseyant, elle entrouvrit ses doigts, rapprocha son visage de Mélanie qui tendit l'oreille, complice. Et lorsqu'elle en fut assez proche, sa bouche ronde et minuscule s'ouvrit pour ne laisser passer que le son d'un secret :

— Tu es là pour aider ma vraie maman à retrouver le sourire !

Mélanie se redressa sur le lit aussi vite que si un insecte l'avait piquée :

— Qu'est-ce que tu as dit ?!

Pour toute réponse, la fillette lui lança le regard du gagnant qui avait prédit que la victoire serait un jeu d'enfant.

...14

— Je te l'ai dit, répéta la fillette, pédagogue. Tu es là pour ma maman à moi !

La première réaction de Mélanie fut de feindre l'incompréhension.

— Mais enfin, ma puce... *Je* suis ta maman... répondit-elle d'un sourire confus. Tu dois être bien fatiguée pour dire ce genre de bêtises !

Sa jeune interlocutrice fit un signe négatif de la tête, les yeux moqueurs, éclata même de rire. Rien n'est vraiment grave quand on a sept ans.

— Nan, nan, nan ! Toi t'es la maman que j'ai appelée à l'aide.

Cette fois, Mélanie secoua la tête en espérant y remettre de l'ordre, ou peut-être retrouver son ouïe.

— Attends, je ne te comprends pas...

— J'ai besoin de toi ! supplia l'angelot brun, théâtrale.

— Mais...

— Je sais que tu peux m'aider ! Allez dis ouiii ! Dis oui pour m'aider ! T'es o-bli-gée !!!

Mélanie ne sut que répondre. Le lit tanguait. À croire que son esprit voguait sur un tapis magique. Tout filait, tremblait, perdait consistance, sens dessus dessous. Un tremblement de terre de douceur et d'amusement. Cette journée de l'étrange finirait-elle un jour ? La lassitude s'abattit sur ses épaules, son corps s'affala à nouveau sur le matelas. De ses mains anxieuses, elle cherchait sur son front un lieu connu, une pièce du puzzle sur laquelle se reposer.

Son regard croisa alors à nouveau celui de la petite. Ces deux perles brunes étincelantes, lumineuses. Elle entendit son cœur lui souffler que la clé du trésor qu'elle recherchait était bel et bien à cet endroit. La réponse absurde qui suivit, Mélanie se demanda si c'était bien sa bouche qui la formulait :

— D'accord... D'accord !
— Oui !!!

L'enfant applaudit des mains sans faire de bruit, l'enthousiasme radieux se lisant sur son visage.

Mélanie fut partagée entre une joie innocente dont elle ne comprenait pas l'origine et la pensée qu'elle se mettait dans un sacré pétrin. Mais pourquoi, chaque fois que cette enfant lui souriait, fallait-il qu'elle renonce à tout choix réaliste et sensé ?

— Dis-moi juste, l'interrompit la jeune femme, comment tu t'appelles ?

Les bras potelés se frayèrent un chemin autour de son cou. La petite joue ronde se colla contre la sienne. Elle sentit le petit souffle chaud sur son oreille, la douceur des bouclettes qui chatouillaient sa peau.

— Je m'appelle Céleste.

...15

Tout ce qui lui arrivait lui paraissait tellement surréaliste. Mélanie connaissait à peine Céleste mais elle avait pourtant envie de la suivre au bout du monde. Elle eut l'impression qu'elle vivait ce fameux coup de foudre dont parlent si souvent les mères.

Elle avait souvent entendu ces histoires, partagée entre la curiosité et la jalousie. Ces récits dépeignaient souvent la souffrance maximale de l'accouchement, le paroxysme d'une douleur effrayante. « Coupez-moi le ventre », « tuez-moi », « je vais mourir », étaient les mots qu'elles avaient prononcés.
Mais après ces cris et ces prières, elles témoignaient de cette seconde, suspendue entre rêve et réalité, entre le soulagement de la fin et le tourbillon d'un début, prémices d'un amour explosif, un amour en forme de grand final de feu d'artifice, lorsque les deux paires d'yeux s'unissent pour la première fois après s'être attendues et espérées neuf mois durant.
Mélanie pensa que ce qu'elle ressentait avait quelques similitudes : ses résistances gelées fondaient sous le soleil d'été absolu qu'était Céleste. Il lui suffisait de plonger son regard dans le sien pour que naisse la troublante certitude de la maternité. Elle pouvait presque sentir un cordon ombilical se tisser, du creux de son nombril jusqu'à celui de la

fillette. Comme un chemin qu'il leur fallait emprunter à cet instant même, à toute vitesse, sans attendre.

D'autres sensations émergèrent. À la fois images et ressentis, comme un souvenir perdu qui lui serait enfin rendu. Mélanie savourait ces premières fois qu'elle n'avait pas connues. L'effort du travail. Le premier regard. L'odeur de sa peau. La chaleur du petit corps contre le sien. Le premier mot. Les premiers pas.

Si je rêve, faites que ça ne s'arrête jamais, pria-t-elle face à ces merveilles.

Son attention se porta à nouveau sur l'enfant, qui tentait à présent une pirouette contre les oreillers.

— Alors ? Comment ça se passe ? Raconte-moi un peu : comment je peux t'aider.

Céleste prit un air sérieux en pointant son index :
— D'abord, il faut que tu parles à maman.

Elle pointa son majeur :
— Ensuite, tu devras parler à papa.

Ses mains mimèrent une explosion.
— Et ce soir, lorsque l'horloge sonnera dix fois, tu rentreras chez toi.

Vers 22h. Je suis presque sûre que c'est vers cette heure-là que j'ai quitté ma réalité... comprit Mélanie.

Ce programme paraissait d'une simplicité déconcertante. Trop peut-être ?

— Juste ça ?

— Oui oui, confirma-t-elle. Maintenant faut que je te laisse.

La petite avait déjà sauté du lit et trottinait vers la porte de la chambre. Mélanie se décomposa de cette séparation soudaine.

— Attends ! Tu vas où là ? Et je m'y prends comment ?

Céleste se tourna vers elle. Haussement d'épaules et bruit de bouche circonspect lui signifièrent que la fillette n'en savait rien. Pour autant, la malice ne cessait de briller aux quatre coins de sa bouille ronde. Tout cela ne devait être qu'un jeu pour elle.

— Je dois me montrer sinon maman et papa vont me chercher.

Et avant que Mélanie ait pu répondre quoi que ce soit, Céleste avait ouvert puis refermé la chambre, laissant le double de sa mère seule avec ses questions.

...16

D'abord parler à sa mère, puis à son père. Évidemment.

Mélanie se répétait en boucle les consignes de la fillette. Comme si elles étaient difficiles à retenir ! Ces phrases avaient pourtant le pouvoir de l'empêcher d'entrer dans les autres réflexions qui en découlaient : parler, mais pour dire quoi ? Pour parler de la pluie et du beau temps ? Pour leur dire de prendre un thérapeute de couple ?

Et la question qui la torturait : suffirait-il de leur parler pour pouvoir retourner dans sa vie ? Pourrait-elle rentrer si la situation n'était pas réglée ?

Elle s'assit au bord du lit.
C'est du chinois cette histoire. C'est complètement dingue...

Pendant quelques minutes, la jeune femme resta immobile, le regard tourné par-delà les fenêtres, perdu vers le ciel où se dessinait une épaisse couche de nuages gris. Ils lui rappelèrent la forme d'un coussin doux et moelleux, malgré leur couleur menaçante.

Mais si je peux passer le reste de cette journée avec cette petite et les autres enfants, alors je vais le faire !

Convaincue, Mélanie se leva et ouvrit la porte de la chambre, dans une discrétion absolue. Elle tendit l'oreille vers le couloir, perçut des bruits de voix, des odeurs de nourriture. Ses sens captèrent un parfum de curry, auquel son ventre répondit par un gargouillement. Il lui faudrait pourtant encore patienter pour combler son besoin de manger.
Ils sont dans la cuisine.

Son plan était simple.
D'abord, elle atteindrait l'étage. Depuis le haut de l'escalier, elle espionnerait les conversations et les mouvements des uns et des autres. Cela lui donnerait matière à analyser la situation familiale. Ensuite, elle tâcherait de parler à l'autre Mélanie, de l'aider à comprendre ce qui cloche, surtout dans son couple. Céleste désirait sûrement voir ses parents amoureux, comme elle et Carl.

Inspiration. Expiration.

Elle s'élança.
Se faufila par la porte sans un seul bruit. Longea le mur jusqu'à l'escalier. À deux pas de la porte de la cuisine, elle aurait pu tourner à droite, direction les premières marches, sans être aperçue. Elle resta immobile, pourtant, retenue par le tintement des couverts, par les voix des enfants, par le grincement des chaises sur le carrelage.

Elle reconnut Mélanie, claquant avec une monotonie creuse et rude des consignes brèves à chacun.
— Non, Romaric, pas de bonbons, non... Timéo, ouvre la bouche... Allez, s'il te plait !... Céleste, arrête de gigoter... Tu veux de l'eau Carl ?
Je parle comme ça moi ? s'étonna la jeune femme. La Mélanie de cette vie ressemblait davantage à un robot qu'à l'image qu'elle se faisait de la maman qu'elle serait un jour, si cela advenait. Même avec ses neveux, elle faisait preuve de plus de douceur. Elle n'avait jamais entendu non plus ni Aude ni sa mère parler de manière aussi mécanique.

Le grognement paternel et sourd en réponse à la question de sa femme fit taire un instant les enfants, et fit frémir l'apprentie espionne dans la couloir.

Même si elle voulait rester là, à vivre leur vie par procuration, Mélanie dut se faire violence. Elle se précipita vers les escaliers, monta plusieurs marches.

Elle s'arrêta net. Ce n'était qu'un détail, mais il venait de la refroidir aussi sec. Elle se retourna, observa le palier de l'entrée.
Une valise... Sa valise...
L'objet trônait devant la porte. Et Mélanie soupçonna en comprendre le sens.

Dans sa vie à elle, Carl avait *sa* valise. Pas deux, ni trois. Non, une. Une seule valise qui lui servait autant pour ses voyages d'affaire que pour leurs vacances. Une valise qu'il ne partageait pas avec Mélanie, sa devise étant : chacun son paquetage. Elle était d'ailleurs en tous points identique à celle qu'elle était en train de dévisager.

A chaque départ, même ensemble, elle faisait en sorte d'y glisser quelque chose. C'était devenu un jeu. Une fois parvenu à destination, Carl découvrait ainsi une tong, un rouge à lèvres, un livre, un mot griffonné, le sextoy de sa femme...

Le souvenir d'une anecdote en lien avec ce dernier lui rendit le sourire, en songeant à un défi que Carl s'était lancé : prendre en photo l'objet tout au long du séminaire. Mélanie avait ainsi reçu des SMS de « Bunny boit un cocktail », « Bunny prend une douche », « Bunny au resto »... La créativité dont il avait dû faire preuve pour ne pas se faire remarquer de ses collègues l'avait épatée mais aussi fait mourir de rire chaque jour !
Il y avait aussi eu la fois où elle lui avait écrit ce poème. C'était lors d'un voyage en amoureux, pour leurs vacances estivales. Carl ayant pris l'habitude d'ouvrir immédiatement sa mallette pour découvrir le trésor caché de sa femme, il s'empressa de le faire à leur arrivée dans la chambre d'hôtel. Mélanie y avait caché un poème, écrit par ses soins. Dix lignes qui lui déclaraient son amour. Elle l'avait regardé sortir le papier, le lire. Les yeux de Carl s'étaient

embués. Elle avait été presque étonnée d'un résultat aussi émouvant.

— J'ai touché ta corde sensible on dirait !
— Tu n'as pas idée, lui avait-il répondu.

Elle avait suivi son regard, tourné vers sa valise à elle. En l'ouvrant, elle avait découvert la bague de fiançailles qu'il y avait cachée. Carl avait posé un genou au sol et, d'une voix chevrotante, avait demandé Mélanie en mariage.

C'était la marque de fabrique de leur couple : ensemble ou à distance, ils restaient complices, amis et amoureux pour la vie.

Elle essuya la larme qui coulait le long de sa joue à l'évocation de ce moment-là. Le temps lui était compté : même si les souvenirs étaient doux, la vision de cette valise avait réveillé une peur profonde.

Je ne peux pas rester sans rien faire si c'est ce que je pense... Parler à Mélanie... Parler à Carl... Parler à Carl...

Elle glissa en silence vers le bas des marches, se pencha pour espionner à nouveau la cuisine. Elle aperçut immédiatement les cheveux et le visage de Céleste, le nez dans son assiette. Mélanie s'autorisa un pas en avant, puis deux, à l'affût du moindre danger, prête à revenir en arrière le plus vite possible. Le dos de Carl bouchait la vue du reste de la pièce. Alors elle se jeta à quatre pattes sur le sol pour parcourir la distance qui lui restait entre elle et la valise.

Enfin parvenue au niveau du tapis de l'entrée, elle se mordit la lèvre au moment de défaire les crans, tout en freinant leur mouvement pour en atténuer le bruit. Le bagage s'ouvrit, dévoilant son contenu. Son sang se glaça face aux vêtements propres, à la trousse de toilette et aux papiers d'identité de Carl.
Un voyage d'affaire la veille de Noël ?
Elle souleva quelques vêtements. À part une chemise, plusieurs jeans, quelques polos, un pull ou deux.
Les mots de la conversation téléphonique lui revinrent à l'esprit : il avait parlé de rejoindre quelqu'un. Son esprit bouillonnait d'hypothèses mais une seule en réalité s'imposait : il s'en allait. Elle en était persuadée. Cette certitude frappait aussi fort que le sang dans ses veines. Ses yeux se plissèrent pour retenir un sanglot.

Une inspiration lui permit de retrouver le contrôle. Une idée, folle, risquée. Elle hésita, se dépêcha de prendre une décision. Puis referma la valise.

Malgré sa fébrilité, elle revint en direction de la cuisine avec la même agilité et prudence qu'à l'aller, après avoir refermé et remis la valise à la place où elle l'avait trouvée.

Cependant, ses plans avaient changé ; elle se contenta de longer l'escalier plutôt que de le monter, jusqu'à la chambre de Jonas où elle retourna se cacher. Une fois la porte refermée, la tension relâchée, quelques larmes osèrent rouler sur ses joues.

Puis, un sourire. Timide, mais bien présent. En pensant à la suite que pourraient prendre les évènements, une petite pointe d'espoir germa dans son cœur.

...17

Un claquement sec fit sursauter Mélanie, allongée en position fœtale sur le lit où elle avait sombré dans un demi-sommeil.

— Où suis-je ?

L'angoisse monta en elle au souvenir de sa situation. Elle se redressa précipitamment et se frotta les yeux pour émerger au plus vite de sa léthargie. Depuis combien de temps dormait-elle ? Le trop-plein d'émotions avait eu raison de son énergie. La lumière de la pièce semblait avoir changé.

Quelle heure est-il ?

Alors qu'elle s'apprêtait à poser un pied au sol, la porte s'ouvrit en grand. La peur n'eut pas le temps de la paralyser que Céleste apparut. La joie pétilla dans son ventre avant de s'arrêter net.

Quelque chose clochait. Le regard froncé, apeuré, la petite ne refermait pas la porte, ne se cachait pas.

— Papa est parti !

Mélanie la rejoignit d'un seul bond, se mit à genoux devant l'enfant et la saisit par les épaules :

— Comment ça ?!

Elle repensa à la valise dans le couloir d'entrée. Son intuition se confirmait. Après la surprise, l'angoisse fourmilla dans son estomac : elle devait à tout prix parler à Carl. Pas de Carl, pas de conversation. Et si l'absence de cette conversation la privait de la possibilité de rentrer chez elle ? Elle se sentit égoïste de réfléchir ainsi, de ne penser qu'à elle. Cette puce et sa mère devaient être en pleine tempête.

Elle attrapa la main de Céleste :
— Viens avec moi !

Elle l'entraina jusqu'à l'entrée, l'ouvrit en grand. Un vent froid lui glaça le visage, elle croisa les bras contre sa poitrine pour s'en protéger, courut jusqu'au trottoir, cherchant Carl du regard dans la rue.

— Carl ! Carl ! Caaarl !

Le jour tirait sur sa fin, les premiers lampadaires s'étaient allumés. Quelques retardataires semblaient se rendre à leur veillée de Noël. Effrayés par les cris de Mélanie, certains se retournèrent pour la dévisager avant de continuer leur route. Un passant s'arrêta, demanda d'une voix inquiète :

— Vous avez perdu quelqu'un madame ?

Mélanie scruta une fois encore la chaussée.

— Non... souffla-t-elle dans un nuage de vapeur froide. Non, il n'y a plus personne.

Carl s'était déjà volatilisé.

Le passant s'assura à nouveau que tout allait bien, avant de reprendre sa route, laissant derrière lui Mélanie dans un profond désespoir.

Ce fut la main de Céleste qui la ramena à la raison :
— Maman, j'ai froid... grelotta-t-elle en tirant en douceur sa jupe.

La jeune femme se tourna vers elle, une main frottant le bord de ses paupières :
— Tu as raison. Rentrons.

Une fois à l'intérieur, elles restèrent un instant plantées là, en silence. La petite semblait attendre que l'adulte face à elle réagisse, décide quelque chose. Mais rien ne venait à l'esprit de Mélanie.

Elles entendirent alors les petits gémissements qui provenaient du salon. Si Mélanie fut étonnée, Céleste, quant à elle, baissa les yeux.

— C'est quoi ce bruit ?

L'enfant resta muette, la bouche pincée. Mélanie s'avança vers la grande salle de séjour. Assise dans l'un des canapés, la maman de Céleste ruisselait de larmes.

La tristesse de l'une fit tache d'huile sur l'autre. Mélanie pouvait ressentir toutes les émotions de son alter ego, avec une précision et une intensité qui la submergèrent. Ce fut d'abord un pincement, puis une vague, pour finir par un tsunami intérieur. Elle se rapprocha de la femme, avec autant de délicatesse que si elle avait voulu atteindre un oiseau blessé, s'assit à ses côtés. Les sanglots redoublèrent.

Mélanie n'osa l'effleurer. Sa fragile constitution lui sauta soudain aux yeux : les épaules alourdies, la pesanteur de ce corps qui paraissait vouloir descendre sous terre. Les ongles rongés, les rides, les ombres bleutées qui encerclaient son regard.

L'âme déchirée de ne pas savoir comment la soulager, Mélanie ne sut rien faire d'autre que de rester là, sans pouvoir dire un mot. Elle tourna le regard vers Céleste. Cette dernière se dirigea vers l'étage, d'où leur parvenaient les rires et cris des cadets.

Une fois Mélanie seule avec leur maman, celle-ci lui tendit un papier qu'elle tenait froissé entre ses doigts :

— Il... Il... Il... veut me quitter... hoqueta-t-elle.

Mélanie aurait voulu s'effondrer avec elle. La réalité venait de sortir tout droit de ses pires cauchemars pour s'incarner.

Pour s'empêcher de sombrer avec sa double, elle s'interdit de penser que son propre mari puisse en arriver là un jour. Cette idée restait inconcevable. De la même façon qu'on n'imagine pas un ciel vert, ou que l'herbe soit faite de papier, Carl et elle ne pouvait être séparés !

Cela lui était d'autant plus difficile à comprendre que, dans cette vie, ce couple était parents de trois enfants. Le bonheur leur tendait les bras chaque matin, se blottissait contre leur cœur, mouillait leurs joues de baisers. Qu'auraient-ils pu désirer de plus beau et de plus abouti dans leur vie d'adultes amoureux ?

Mélanie inspira un grand coup, tourna le feuillet entre ses doigts, effrayée d'en découvrir les mots. Une page de cahier vulgairement déchirée et froissée. Son regard parcourut les lettres, les ratures, l'encre baveuse.

Il faut que tu te soignes.

Je n'en peux plus, je ne peux plus te porter.
Si tu ne prends aucune décision, je partirais.
Ne me cherche pas ce soir.
Je te souhaite quand même de passer un joyeux Noël.

Elle dut reprendre sa lecture à plusieurs reprises, n'entendant rien à ce message.

Pourquoi ne parlait-il pas de la personne qu'elle l'avait entendu appeler depuis la chambre de Jonas ? Que sous-entendait-il par « il faut que tu te soignes » ? N'était-ce pas de pauvres excuses pour camoufler son adultère ?

Malgré la colère brûlant sa gorge, Mélanie fit l'effort d'occulter ce scénario et questionna :

— Qu'est-ce qu'il veut dire ?

Les épaules de l'autre tremblotèrent de plus belle.

— Tu es malade ?

Face au mutisme de la mère de famille, Mélanie perdit son calme.

— Parle enfin !

La maman de Céleste essuya son nez, le regard fuyant, à la fois rempli de honte et de culpabilité.

— Pas vraiment... Enfin si...

Elle tortillait ses doigts. Avec ses grosses larmes de crocodiles, elle ressemblait soudain si fort à une toute petite fille désemparée.

— Si je suis honnête, oui, je suis malade...

La panique s'empara de Mélanie. À quoi devait-elle s'attendre dans sept ans ? Cette maladie la toucherait-elle aussi ? Elle estima qu'elle avait le droit d'en savoir plus.

— Ça veut dire quoi, *pas vraiment* ? T'as un cancer, la sclérose en plaque, une maladie auto-immune ? Lâche le morceau s'il te plait, tu me fais flipper !

— Non ! Non, ce n'est pas ça du tout...

De son mouchoir dont elle tamponnait sa bouche et son nez, elle cherchait visiblement à retenir ses pleurs. Les lèvres tremblantes, les paupières closes, elle parut se concentrer.

— Inspire, expire, l'entendit murmurer Mélanie.

Tout à coup, cette dernière se souvint que cette femme était un peu elle aussi. Elle calma l'énervement et l'impatience qui galopaient en elle, attendant que sa double se sente prête à parler.

Au bout de quelques minutes, elle parvint à bégayer :

— Je... Je ne suis pas vraiment malade... Mon problème... C'est que... C'est que je... Je ne suis pas du tout heureuse...

...18

Sur le visage de la maman de Céleste se lisait une détresse infinie lorsqu'elle se décida enfin à faire face à Mélanie.

— Ça... ça s'appelle... un... un *burn out*... maternel.

La jeune femme resta abasourdie.

Tout ça... POUR ÇA ?! Vraiment ?!

Les mâchoires serrées, elle détourna son regard de son alter ego, tout en répétant d'une voix d'automate :

— Un *burn out*...

Son interlocutrice eut tout d'un coup envie de se confier.

— Oui, ou une dépression. Je ne sais pas. Mais je suis si malheureuse... souffla-t-elle, essayant tant bien que mal de retenir ses émotions. Je ne comprends pas pourquoi je suis comme ça : j'ai les plus beaux enfants au monde, un mari merveilleux. Et pourtant, chaque jour, je me lève en me demandant comment je vais survivre jusqu'au soir. Je suis la pire mère au monde, si tu savais !

Elle se moucha bruyamment. Les sanglots reprirent. Le désespoir coulait partout sur la peau de son visage, secouait son corps. Sa souffrance intérieure éclatait au grand jour. Et pourtant, chacun des mots prononcés était une braise qui attisait le feu de la colère qui grondait en Mélanie.

Sans prévenir, sans retenir, elle se leva, laissa exploser ce brasier incendiaire.

— Mais comment tu peux être en *burn out* !!! vociféra-t-elle. Ce n'est que ça ? T'es pas vraiment malade, t'es juste dépressive, sérieux ???!!!

Choquée, l'autre se terra dans l'assise du canapé.

— T'as tout pour être heureuse ! TOUT ! Tu réalises que tu ne profites même pas du bonheur que tu as, alors qu'il est sous ton nez de petite princesse capricieuse ! l'accusa-t-elle en la pointant du doigt. Figure-toi qu'il y en a d'autres qui aimeraient avoir ta chance, tu vois ! La chance de pouvoir porter et donner la vie, de connaître l'amour le plus grand qui soit ! Y en qui aimerait bien vivre un *burn out* MATERNEL !

Aussi imprévisible que Mélanie, la maman de Céleste bondit elle aussi sur ses pieds, le visage pourpre.

— Tu sais quoi, toi, de ma vie à moi ?! Je te la donne, vas-y, prends-la ! Comment tu peux ne serait-ce qu'imaginer ce que je traverse ? Tu n'as même pas d'enfant !!!

— JUSTEMENT !

Mélanie venait de hurler au point que les larmes avaient éclaté sur son visage en un millier de perles.

Un silence pesant s'installa entre elles deux. Les yeux face à elle ne décoléraient pas.

— Va-t'en, finit par lâcher sa double. Laisse-moi tranquille. Je n'ai pas envie de te parler.

Elle se tourna vers le feu, se rassit, les bras croisés.

Cette attitude... Ces mots... À cet endroit...

Tout en cette femme rappela à Mélanie la scène avec sa mère, juste avant d'atterrir dans cette autre vie. Elle regretta aussitôt son coup d'éclat. Les émotions se bousculaient. Déchirée entre l'injustice et quelque chose de plus profond, sur lequel elle ne parvenait pas à mettre de mots. Un sentiment étrange, indéfinissable, qui lui brisait le cœur. Pas de tristesse, ni de colère. Non, c'était autre chose.

Radoucie, elle s'agenouilla devant l'autre femme :

— Mélanie...

L'autre ne détachait pas son regard des bûches brûlantes.

— Est-ce que tu as compris *qui* je suis ?

Comme elle restait muette, Mélanie lui saisit la main pour attirer son attention. La maman de Céleste se laissa faire, son corps se relâcha avec lenteur, même si son regard restait irrémédiablement détaché d'elle.

— Je suis toi, c'est vrai, continua Mélanie. Et plus jeune, c'est vrai aussi. Mais je ne vis pas du tout la même vie que toi.

La mère de famille tourna enfin ses yeux vers elle, un sourcil soulevé.

— Comment ça, *pas la même vie* ?

Mélanie remplit ses poumons d'air. Il allait bien falloir se jeter à l'eau, briser la glace. Parler de ce qui fait mal, sans s'effondrer. Elle prit quelques secondes pour rassembler ses mots.

— Dans mon existence, Céleste n'est pas née.

Des yeux froncés lui répondirent, manifestation évidente de leur incompréhension.

— J'ai... j'ai fait une fausse couche, le jour de Noël. Le lendemain de l'annonce au repas de famille, tu t'en souviens ?

— Oui, je m'en souviens... mais...

Elle voulut continuer mais sa gorge se tarit. Mélanie reprit :

— Et dans les mois qui ont suivi, j'ai refait deux fausses couches.

Elle fit mine de se gratter à l'œil, là où en réalité son doigt vint contenir une larme qui tentait de s'échapper.

Sa double la fixait.

Peut-être y avait-il un espace pour les rapprocher. Peut-être était-il là, tout près. Peut-être étaient-elles prêtes à le toucher du doigt. Mélanie eut envie d'y croire. Un lien se tissait entre elles, elle en était persuadée.

— La vérité, c'est que j'ai passé une année vraiment horrible... Il y a eu le mariage, mais le reste du temps, j'ai eu l'impression d'être emportée dans un cyclone qui a ravagé toute ma vie. Je ne sais plus qui je suis, j'ai perdu toute ma joie de vivre, j'ai perdu mon insouciance. Je me sens l'ombre de moi-même qui hante mes journées. S'il n'y avait pas Carl, je ne sais pas si j'aurais survécu à ça...

Son interlocutrice écoutait, à présent réfugiée dans ses pensées :

— Cette année-là avait été difficile pour moi aussi, je me souviens...

Mélanie redressa son visage vers elle, les yeux écarquillés.

Elle est sérieuse là ? Elle va me déballer ses problèmes de maman après mes confidences ?

Son regard éberlué aurait dû alerter la maman de Céleste ; pourtant, celle-ci continua son monologue, déjà absorbée par son passé.

— Je me souviens comme la grossesse a été dure. Trois mois alitée, sans bouger, en menace d'accouchement prématuré. Puis ce fut tout le contraire : Céleste ne sortait pas, l'accouchement était trop long... Et puis, être mère. Être mère... Ma petite était si belle, si adorable. Mais tu ne peux pas mettre ce rôle sur pause. C'est du non-stop, H24, dans la tête, les tripes, le cœur, l'âme ! C'est comme une charge, qui pèse sur toi en permanence. Et cette charge s'alourdit, semaine après semaine. Pourquoi j'en ai fait trois ? gémit-elle. Pourquoi je me suis infligée ça ?

— Pardon, mais tu ne m'écoutes même pas ! s'exclama Mélanie, se relevant d'un seul bond. J'ai vécu un enfer et tu reviens encore sur toi, toi, toi, toi !

Les mains sur les yeux, le feu aux joues, le contrôle de son corps lui échappait. Elle chercha sa respiration, de l'aide en visualisant Carl à ses côtés, mais se concentrer sur lui était beaucoup trop douloureux.

Elle ressentit une immense déchirure dans la poitrine. Tout espoir lui semblait perdu et avalé par l'obscurité.

L'autre Mélanie se tortillait les doigts, à nouveau réduite à un comportement de petite fille effrayée. Encore une fois, elle culpabilisa de lui avoir crié dessus. Mais en réalité, comment pouvait-elle lui faire comprendre, si elle ne faisait jamais l'effort de se mettre à sa place, de l'écouter ?

Dans une ultime tentative de retour au calme, Mélanie se reprit, rectifia dans un soupir :

— Ce que j'essaye de te dire c'est que j'ai perdu mes bébés. Et je me demande, en toute sincérité et sans vouloir te vexer : comment oses-tu te plaindre ? Te mets-tu à ma place ? Imagines-tu ce que j'endure, ici, avec toi et tes enfants pleins de vie ?

Pour toute réponse, le visage de la mère s'assombrit. Mélanie reconnu ce bouillonnement intérieur, ce volcan prêt à exploser.

— Et toi ? Tu te mets à ma place, toi ? s'étrangla la maman de Céleste. Depuis la naissance de ma fille, je me bats contre la dépression, le *burn out*, la culpabilité quotidienne et la honte d'être une mauvaise mère. Je ne partage pas de bons moments avec mes enfants, je les fuis. Pour couronner le tout, mon couple part à veau l'eau... N'y a-t-il que ta souffrance qui compte ?

Elle avait raison, Mélanie le savait bien. Pour autant, elle mourrait d'envie de rétorquer avec véhémence, de lui hurler dessus. De la maudire sur trente-six générations.

Garder le silence et sentir le poison de la rancœur pourrir ses intestins, elle ne voyait pas d'autre issue à leur conversation. Seul un souffle gelé et amer parvint à se faufiler entre ses lèvres devenues presque hermétiques. Un souffle qu'elle ne chercha pas réellement à retenir :

— Oui, tu souffres, on a compris. Mais toi, tu es mère !

Sur ces mots, elle se leva et quitta la pièce, laissant l'autre derrière elle, sans lui jeter un regard, sans attendre ni réponse ni réaction.

Parler avec elle... se flagella-t-elle en repensant aux mots de Céleste. *Tu parles d'une discussion !*

Parvenue dans le couloir, ce fut justement Céleste qui lui apparut. Assise au mi-chemin de l'étage, ses joues douces et les noisettes de ses yeux noyés de larmes. Aussitôt, Mélanie comprit qu'elle avait tout écouté, s'élança vers elle pour la consoler.

— Ma puce...

Elle chercha à lui saisir les mains, à la serrer contre elle.

— Laisse-moi tranquille !

L'enfant repoussa les gestes de tendresse, se redressa et remonta l'escalier à toute vitesse. Le cœur de Mélanie s'ébranla. Que n'avait-elle le pouvoir de mettre le temps sur pause, d'effacer le décor, de ne garder que cette petite fille dans son paysage.

Voilà qu'à présent, Céleste, son seul repère, son seul radeau dans cette vie parallèle, l'abandonnait elle aussi.

...19

— Attends s'il te plait !

Le cri de Mélanie parvint à immobiliser Céleste, à quelques marches de l'étage. Elle se tourna vers cette femme qui n'était pas sa mère et qui la suppliait de ses yeux brillants et humides.

— Tu ne peux pas m'en vouloir !

Peut-être que sa voix avait porté plus fort qu'elle ne l'avait souhaité. Elle se figea, retint son souffle, mais ce ne fut ni par crainte de blesser son alter ego, ni par peur d'effrayer la petite : le bruit de son égoïsme en écho rejaillit sur elle avec une brutale limpidité. Ces mots si difficiles à prononcer, témoins de ce péché, elle les marmonna entre ses lèvres. Comme si cela suffisait à les rendre plus inoffensifs.

— Tu ne peux pas... m'en vouloir... Je t'attends depuis un an. Je t'ai perdue. Tu es morte dans ma vie ! Morte, tu comprends ? Si ta maman savait ce que c'est de ne pas t'avoir à ses côtés, elle comprendrait combien c'est dur d'être dans ma vie ! Ne t'en va pas s'il te plait, supplia-t-elle, les mâchoires serrées, le visage défait. Ne me rejette pas... Je ne veux pas te perdre une seconde fois !

Les joues dorées de Céleste se tintaient de la trace de ses larmes. De la manche de son t-shirt, elle essuya son nez. Son regard pesait de reproches.

— Je t'ai juste appelée pour arranger les choses, pas pour faire pleurer ma maman ni pour crier sur elle. Je ne comprends rien à ce que tu racontes.

Le ton était sec, sans appel. Mélanie sentit la honte s'abattre sur elle.

Comment pouvait-elle en vouloir à Céleste ? Qui était-elle pour cette petite fille ? Personne. Celle que la fillette aimait par-dessus tout se trouvait dans une autre pièce, empêtrée dans une âme sombre que cette enfant cherchait à tout prix à toucher du doigt, sans y parvenir.

Et au même moment, Mélanie comprit qu'elle aussi cherchait à atteindre un Graal insaisissable : quoi qu'elle dise ou fasse ce soir, elle n'était et ne serait jamais la mère de Céleste.

Non. Non, cette réalité-là, elle ne pouvait pas l'admettre. Elles étaient liées, c'était évident ! Céleste aurait dû être sa fille, ce pont temporel s'était ouvert pour les connecter l'une à l'autre, pour que la mère en elle puisse se reconnaître à travers l'enfant qui aurait été sienne. La jeune femme l'avait senti jusque dans ses tripes, elle n'avait pas pu se tromper à ce point ! Mais devoir aider cette autre alors que c'était elle qui avait tant besoin d'aide, c'était d'une injustice sans nom.

— Mais comment je fais, moi ? insista Mélanie, à nouveau en colère et désespérée. Comment je peux t'aider ? Comment je peux l'aider elle ? Comment on s'y prend pour changer la réalité ? Tu crois qu'en claquant les doigts je vais arranger une vie de problèmes ? Je n'ai pas ce pouvoir ! Je veux juste rentrer chez moi !

Les lèvres tremblantes, Mélanie ajouta :

— Et avoir des enfants.

La petite secoua la tête.

— Je sais pas comment on fait, je n'ai que sept ans. Je sais juste que ce soir, tout sera fini. Tout va s'arrêter. Tu vas devoir repartir chez toi. Nous, on restera ici, comme si rien ne s'était passé. Tu ne peux pas m'emmener avec toi. Tu ne peux pas rester ici.

Ce petit visage qui se remplissait de malice quelques heures auparavant lui apparaissait à présent froid et grave.

— Tu n'es pas ma maman. J'avais juste besoin que tu m'aides à lui rendre son sourire, assena-t-elle en désignant d'un mouvement de la tête le mur qui la séparait de sa maman.

Sur ces mots, Céleste termina de franchir les marches qui la séparait de l'étage avant de rejoindre ses petits frères, et de mettre un point final à leur conversation d'un claquement de porte.

L'abandon et la solitude s'abattirent sur Mélanie.

Le carillon du salon retentit. Elle décompta six coups. Il ne devait pas lui rester beaucoup de temps.

Elle aurait été au bout du monde pour Céleste. En même temps, en cet instant, elle n'avait jamais ressenti autant d'impuissance. Faire quelque chose oui, mais quoi ? Parler à sa maman était de toute évidence inutile. Cette femme avait besoin de reprendre confiance en elle, de retrouver des forces, de comprendre à quel point la vie lui offrait de précieux cadeaux. Comment se faire entendre de quelqu'un qui n'écoute pas ? Qui se morfond dans son drame ?

Mélanie culpabilisait de s'y être sans doute mal prise : son tempérament entier n'avait pas ménagé la mère de famille. Par ailleurs, comment pouvait-elle faire abstraction de tout ce que l'autre avait et qu'elle-même n'avait pas ?

Elle ne pouvait envisager d'amener une nouvelle tentative de discussion. Parce qu'elle pressentait que l'une d'elles devrait pour cela oublier ses blessures pour ce soir, au profit de l'autre.

Or Mélanie ne s'en sentait plus capable. Après des mois à feindre de vivre dans une coquille protectrice, une brèche s'était ouverte et l'avait rendue vulnérable en faisant face à la vie qu'elle aurait dû connaître. La seule témoin de sa fragilité, cette double de cette vie, n'avait pas été en capacité de laisser la coquille se fendre pour de bon. De son côté, il lui était impossible de réparer la fuite.

N'y avait-il vraiment aucune autre issue ?

Parler ou mourir ?

Balancer à l'autre ses souffrances, s'en servir de serpillère.

Ou se renfermer, toujours plus profondément en soi, pour ne pas être vue du monde extérieur.

Fatiguée de tant de réflexions, elle posa son front contre le mur. Depuis le salon lui parvinrent les plaintes de l'autre Mélanie.

Une pensée s'insinua alors dans son esprit, qui apportait un nouvel éclairage : cette femme n'avait pas une vie de rêve, non. Et elle, Mélanie jeune et sans enfant, détenait une chose au moins que l'autre n'avait pas.

Il lui restait donc une carte à abattre.

Sa bouche laissa échapper un soupir las et peu convaincu.

— Faites qu'il ait compris, ou je promets qu'il va m'entendre jusque dans ma propre vie !

Elle se dirigea vers la porte d'entrée, attrapa manteau, écharpe et bonnet qui devaient appartenir à la mère de Céleste. Dans le miroir, elle croisa son reflet.

Tu n'as plus le choix si tu veux rentrer chez toi.

Sa motivation lui fit ouvrir la porte avec confiance pour s'engouffrer dans le froid hivernal.

...20

Mélanie s'avança sur le trottoir et prit quelques secondes pour humer l'air frais. Le froid lui piqua les narines. Le ciel était vraiment bas et nuageux. Les couleurs s'assombrissaient avec lenteur dans la langueur du soir tombant.

Par où devait-elle commencer ?

J'aurais peut-être dû lui piquer son portable... réalisa la jeune femme.

À présent qu'elle était là, prête à passer à l'action, elle regretta son manque de coordination. Elle ne fit pourtant pas demi-tour. Au contraire, elle avança sur le trottoir, déterminée. Ses pieds la conduisaient sans destination.

Peu à peu, ses plans sur la comète atterrissaient, ses pensées se déposaient sur le goudron froid au rythme de ses pas. Couper le mental et cesser de réfléchir lui était bénéfique. Il n'y avait plus que le froid, l'odeur de son alter ego dont l'écharpe recouvrait sa bouche, le bruit des quelques voitures dans la rue.

— Mélanie !

Le cri la fit sursauter.

À peine eut-elle le temps de se retourner que deux mains la saisirent aux épaules.

— Qu'est-ce que tu fous là ?

Elle ne fit pas attention à la rudesse de la voix, à la poigne intimidante avec laquelle il la retenait. Elle n'entendit plus que sa joie, chahutant dans sa poitrine comme la sève des arbres au printemps ravive les arbres et redonne des couleurs à la nature.

— Carl !

Son sourire trahit combien elle était heureuse de le trouver, là, son visage à quelques centimètres du sien.

Certes, il était bien loin de celui qui partageait sa vie. Ses traits s'étaient endurcis, son regard se faisait plus métallique qu'angélique. L'inquiétude qui barrait son visage de plusieurs lignes frontales le vieillissait davantage que les rides autour de ses yeux et de sa bouche.

Néanmoins, Mélanie pouvait sentir ses propres cellules réagir à sa présence, animées par la perspective de se blottir contre son corps rassurant qui n'avait rien perdu de sa splendeur.

Mais impossible de se jeter au cou de cet homme qui pressait ses clavicules de toutes ses forces.

— Tu n'es pas parti... murmura-t-elle, le regard brillant.

Il la relâcha pour lui tourna le dos et s'enfuir en direction de la maison.

— Eh ! Qu'est-ce que tu fais ? s'enquit-elle, se lançant à sa poursuite.

Sans se retourner, Carl abattit sa sentence :

— Je savais que je ne pouvais pas te faire confiance !

Comment ça, ne pas me faire confiance ?

Il ne lui fallut qu'une seconde pour que ses pensées se remettent en place : bien sûr, les enfants !

— Carl, attends ! Ce n'est pas ce que tu crois !

Il s'arrêta net, lui jeta un regard plus glacial encore que les températures de ce début de soirée. Mélanie fut coupée dans son élan de le rejoindre : elle ne lui avait jamais vu une expression aussi dure.

— Ah oui ?!

Tout l'émoi des cellules de Mélanie était retombé face à tant de colère. Une colère dont elle était l'objet...

— Carl, tu dois me croire. Quelqu'un de confiance garde les petits. Ils sont en sécurité. Ça serait compliqué de tout t'expliquer.

— Non, vas-y, explique ! J'ai tout mon temps ! ironisa-t-il, se plantant face à elle, les bras croisés.

Elle eut mal, si mal en elle. Bien qu'elle ne soit pas sa véritable épouse, la culpabilité monta aussi vite en elle qu'un tsunami recouvre la grève.

Qu'est-ce que je lui ai fait pour qu'il soit aussi différent ?

Aussitôt, elle se reprit.

Ce n'est pas moi qui aie fait quoi que ce soit. C'est à sa femme qu'il en veut. Et je ne suis pas elle, se souvint-elle.

La vague se retira, sa respiration pu retrouver son rythme naturel. Elle savait ce qui lui restait à faire. Sûre d'elle et de son plan, elle esquissa un sourire, plongea son regard dans le sien.

— Je n'ai pas tout mon temps justement. Je vais me promener. Ça te dit qu'on discute en marchant ?

À elle de reprendre le contrôle : sans attendre sa confirmation, elle repartit dans la direction opposée. La tête droite, les yeux fixés sur le point le plus lointain qui soit, elle tâcha de paraître la plus convaincante possible.

Il doit me faire confiance, comprit-elle. *C'est ce que mon Carl ferait. C'est ce qu'il va faire... S'il aime encore sa femme.*

À cette pensée, elle frissonna, mais ne ralentit pas. Lorsque les pas résonnèrent juste derrière elle, puis à ses côtés, elle laissa un soulagement réchauffer sa cage thoracique.

Ils marchèrent ensemble quelques minutes, sans se regarder. Deux âmes errant dans la même direction. Elle bifurqua ensuite vers une impasse qui menait à un parc.

Ils aimaient tant s'y promener et y courir les dimanches matin, dans leur autre vie. Manger une glace au kiosque central. Jeter du pain aux canards. Regarder passer les gens en imaginant leur vie, parler du temps qu'il fait, se tenir la main : des moments qui semblaient anodins, pourtant Mélanie aurait donné n'importe quoi pour pouvoir les vivre, en cet instant, avec son Carl.

Et même avec ce Carl.

Aucun d'eux ne brisait le silence. La lumière des lampadaires du parc figeait les jardins déserts. Une fois engagés sur les allées entre deux parterres vides de fleurs, Mélanie se décida enfin à parler. Ils avaient beaucoup de sujets à aborder, l'un comme l'autre.

— Alors, comme ça... Tu n'es pas vraiment parti.

Carl continuait de regarder devant lui. Elle se demanda s'il l'avait entendue.

— Non, finit-il par répondre. J'avais décidé de rentrer chez nous. Mais tu vois, j'étais un peu angoissé à l'idée de te laisser seule avec les enfants. J'ai patienté dans ma voiture sans parvenir à décoller. Puis tu es sortie. Quand je t'ai vue, j'ai pété un câble. D'ailleurs je n'ai vu personne entrer dans la maison, je me demande quelle excuse pourrie tu vas me servir pour expliquer que tu laisses les enfants tout seuls.

La confiance règne... songea Mélanie, dépitée.

La partie n'était pas aussi bien engagée qu'elle ne se l'était imaginé.

— Je te jure que quelqu'un les garde. La priorité, ici et maintenant, c'est toi et moi.

— Qui ?

— Je te l'ai dit : toi et moi.

— Non : qui les garde ?

Ce n'était pas possible d'être aussi têtu !

Qu'aurais-je répondu si c'était mon Carl ?

Il lui fut alors plus facile de sourire et d'arguer un regard énigmatique et malicieux.

— Si je te le disais, tu ne me croirais pas !

Sa phrase eut l'effet escompté : il la dévisagea.

J'ai réussi à capter son attention !

— Tu n'es pas comme d'habitude...
— Toi non plus tu sais ! pouffa-t-elle.
— Qu'est-ce que tu entends par là ?

Le silence revint quelques minutes, laissant à Mélanie le temps de chercher les mots justes.

— Peut-être que je ne suis pas la Mélanie que tu connais... Mais toi non plus, tu n'es plus le même.
— Comment ça ? Tu me trouves changé depuis ce matin ?
— Non. Depuis qu'on s'est rencontrés.

Cette dernière phrase resta suspendue dans l'air froid. L'avait-elle touché ? Son regard ne laissait rien paraître.

— Et tu n'es pas parti, reprit-elle.

L'étang leur fit face et Carl parut absorbé par sa surface immobile, qu'aucun canard ne perturbait ce soir.

— Je ne vois pas où tu veux en venir.

Il lâcha un soupir inattendu.

— On a déjà essayé de recoller les morceaux... continua-t-il, las. Tu sais bien que ça ne fonctionnera pas tant que tu ne te fais pas soigner.

Voilà, on y était : il l'avait largué son gros pavé !

Un élan de contre-attaque ralluma la colère de Mélanie.

— Ou tant que tu me trompes !

Carl s'arrêta net. Il se posta face à elle, un doigt dirigé vers son torse.

— Quoi ? Tu crois que, moi, je te trompe ?

Elle ravala sa salive. Ce n'était pas le moment de flancher.

— Oui, j'en suis sûre même. Je t'ai entendu dans la chambre de Jonas, ce matin. À qui tu téléphonais ?

Pour toute réaction, il monta d'un ton :

— Ah parce que tu m'espionnes maintenant !

— Tu ne réponds pas à ma question, continua Mélanie, imperturbable.

— Tu as raison, agis comme tu le fais toujours, explosa-t-il. Détourne les conversations des véritables problèmes. Je te savais devenue tarée, mais je ne pensais pas que tu irais jusqu'à inventer ce genre de mensonge ! C'est toujours moi le coupable, n'est-ce pas ? Un coupable idéal pour te détourner de la réalité de ta maladie, c'est ça que tu veux ?

Sur ces mots, il se dirigea vers l'étang, saisit une grosse pierre entre ses mains, la lança de toutes ses forces dans l'eau.

Il recommença une fois encore, puis une autre. Mélanie resta à distance, incapable d'intervenir face à cette rage. Une rage d'une ampleur qu'elle n'avait jamais vue chez son mari. Cet homme que tous désignaient comme une force tranquille, rarement déstabilisé. Jamais il ne s'était battu. Jamais il n'avait remis en question ses supérieurs. Il avait ce don pour trouver toujours le point d'équilibre entre les autres et lui-même.

Si loin de celui qu'elle découvrait ce soir. Celui qui entrait en conflit avec elle, la malmenait, la trompait, lui criait dessus, la traitait comme une étrangère. Les sentiments de ce couple ressemblaient à ces jolis ballons gonflés à l'hélium qu'enfant ses parents lui achetaient, à l'instant où, lâchant à peine la corde, ils filaient le plus loin d'elle à toute vitesse : impossibles à rattraper. Perdus à tout jamais.

Il finit par s'arrêter, le regard perdu au loin. Il garda ses distances, comme pour se protéger d'elle. Comment devait-elle agir à présent. N'y avait-il de la place que pour leurs rancœurs ? Y aurait-il vraiment un chemin pour les réunir ?

Elle marcha lentement vers lui, jusqu'à se trouver face à son dos. Même à travers sa veste doublée, elle pouvait deviner sa respiration. Avec lenteur, pour s'assurer de son consentement, elle passa ses bras sous les siens et colla son petit corps contre lui. Une joue blottie au creux de ses omoplates, elle pouvait entendre son cœur battre et se caler sur le rythme de sa respiration. L'endroit au monde où ils s'étaient toujours retrouvés.

Un frémissement.

Les épaules larges se mirent à trembler. Suivi du bruit de ses larmes étouffées.

Ils restèrent un moment ainsi, en silence, sans oser bouger. Les canards de l'étang s'étaient rapprochés d'eux, attendant probablement qu'ils leur lancent de la nourriture.

Ce Carl-ci n'est pas très différent du mien finalement, pensa Mélanie, les yeux fermés contre le manteau du père de Céleste. *Il est aussi sensible et doux que celui que j'aime, je le sais...*

Il finit par passer une main sur son visage pour essuyer ses joues, renifla.

— Je ne te trompe pas... Mais je ne suis plus honnête avec toi, c'est vrai.

Il baissait la tête, penaud. Mélanie resserra son étreinte, de peur que la vérité soit trop dure à accuser.

— Je... Je corresponds avec quelqu'un... Avec une collègue sympa... Au début, je croyais qu'elle me soutenait. Mais là, je vois bien que c'est allé trop loin.

Elle retint douloureusement son chagrin. Ce n'était pas son Carl. Pour autant, elle pouvait entendre se briser son cœur, comme si elle était sa véritable femme.

— Mais les mots que tu m'as entendu prononcer, c'était pour ma mère. Je ne voulais pas que tu le saches, mais j'allais rejoindre mes parents et mon frère ce soir. Histoire de ne pas être trop loin au cas où...

Tous les muscles de la jeune femme se détendirent, de l'air put entrer à nouveau dans ses poumons.

Et si... Et si le ballon était encore suffisamment près pour qu'ils puissent le rattraper.

— Carl ?

— Oui ?

— Pourquoi n'es-tu pas parti ?

Il joignit ses mains gantées aux les siennes posées contre sa poitrine.

— Parce que... j'ai cru que... tu pouvais être redevenue comme avant.

Un immense sourire habilla le visage de Mélanie.

— Tu l'as trouvée, c'est ça ?

Carl se dégagea afin de pouvoir se tourner à présent vers elle, fouilla l'une de ses poches dont il sortit une petite bague argentée que les réverbères faisaient briller dans l'obscurité.

— Oui... J'ai mis du temps à comprendre que tu l'avais fait exprès.

Mélanie gardait les yeux vissés sur le visage de Carl. Quelque chose avait changé. Au-delà des yeux bouffis par la tristesse et la ride marquée sur son front, elle avait cru percevoir un haussement du bord de sa lèvre.

— Évidemment... répondit-elle dans un murmure, se remémorant ce moment où, face à la valise de Carl, elle avait ressenti ce besoin vital de laisser son alliance dans un endroit qu'il consulterait le plus tôt possible.

Or, depuis qu'elle était montée la première fois sur le siège passager de sa voiture, elle l'avait vu avoir ce réflexe immuable de regarder sa pochette de papiers d'identité. Elle avait espéré que relancer ce petit jeu entre eux puisse le ramener vers sa femme. Il lui fallait un signe fort, qu'il comprenne rapidement.

Alors elle y avait glissé le symbole de leur mariage.

L'espoir recommençait à fourmiller en plusieurs endroits du corps de Mélanie. Pourtant, le sourire de Carl se fit ironique.

— Mais... est-ce que tu as vraiment changé ? Là est la question.

Mélanie s'abstint de répondre. Son plan n'était pas élaboré au point d'avoir anticipé ce genre de questions. Comment pouvait-elle lui promettre de changer quoi que ce soit, alors qu'elle n'était même pas sa femme ? Sans doute Carl perçut-il ce doute en elle, car il secoua la tête de droite à gauche.

— Pourquoi je croirais en toi ?

— Tu ne peux pas dire ça ! s'insurgea la jeune femme.

— Eh bien prouve-moi que tu es digne de confiance alors !

— Mais quel idiot ! Tu n'as pas compris que je t'aime toujours du plus profond de mon âme !

Les mots étaient sortis avant que son cerveau ne les valide. Aussitôt, elle se pinça les lèvres : elle venait de déclarer sa flamme à un autre homme que son mari. Et ce qui était étrange, c'était qu'elle ne s'en sentait pas coupable.

Tout cet imbroglio de lignes temporels lui prenait trop la tête ! Certaines choses ne se contrôlaient pas avec le cerveau, mais avec ses tripes, avec des élans instinctifs, parfois même sauvages.

Et face à elle, le regard bleu brillait de larmes.

Touché en plein cœur ! se félicita-t-elle.

Elle eut envie de lui courir dans les bras, de... de...

— Oh et puis zut !

D'un seul bond, elle sauta au cou de Carl de toutes ses forces, approcha son visage et lui offrit ses lèvres avec la fougue du désespoir.

...21

Elle s'attendait à être repoussée, à valser trois pas en arrière, mais non ! Au contraire, les lèvres de Carl se desserrèrent et il accueillit sa bouche, sa langue. Ses mains enveloppèrent son visage. C'était puissant, irrésistible. Ils étaient assoiffés l'un de l'autre et Mélanie pouvait ressentir tout l'amour de son alter ego comme s'il était le sien.

Elle aussi aimait vraiment son époux ; ce n'était pas elle, la jeune Mélanie endeuillée, qui le désirait si fort en cet instant, ni elle qui éprouvait ces sentiments si intenses que son pouls s'en accéléraient.

L'autre Mélanie aimait Carl.

Et Carl l'aimait encore.

Rien n'était fini. Tout était encore possible entre eux.

Des souvenirs qui ne lui appartenaient pas fusèrent dans son esprit. Les moments de joie, faciles et insouciants, où ils n'avaient eu qu'eux à penser. Les deux femmes n'avaient pas vécu le même mariage, puisque dans cette vie elle était déjà maman d'une petite fille. Malgré l'épuisement parental, elle pouvait distinguer leur émoi à se tenir chacun devant l'autel, à se dire « oui », ce bébé né de leur amour dans leurs bras, symbole de leur famille toute nouvelle.

Elle perçut aussi que cet amour entre les parents de Céleste était bien différent de celui qui les avait uni : il était à la fois bien plus immense que tout ce que pouvait imaginer Mélanie, pour autant celui qu'ils portaient à leur fille prenait à présent toute la place, sans plus leur laisser l'espace de se regarder dans les yeux, de s'aimer à mourir, de vivre nus sous leurs draps, de flirter comme des adolescents.

Toujours accrochée aux lèvres de Carl, la jeune Mélanie goûtait toutes les ambivalences que traversent de nombreux couples lorsqu'ils mettent un pied dans la parentalité. Elle qui croyait ses sentiments éternels, elle en réalisait soudain l'extrême fragilité face à l'étendue infinie de l'amour maternel.

Lorsque leur baiser cessa, leurs yeux se trouvèrent. Encore troublée par cet instant, elle resta muette d'émotion. Carl, lui, la dévisageait, les yeux écarquillés. Elle retrouva alors la tendresse du bleu angélique qu'elle avait aimée dès leur rencontre et s'y replongea.

— Tu me manques tellement...

Carl avait posé ces mots d'une voix presque inaudible, comme s'il lui était encore difficile de se l'avouer.

Au loin, le clocher de l'église résonna dans les rues parsemées de quiétude.

Sept coups, compta Mélanie.

Il lui fallait rentrer. Elle devait se dépêcher de trouver comment lui parler de la suite, sans lui cacher la vérité. Plus de mensonges entre eux.

Elle pria de tout son être que les deux Carl lui pardonnent : son mari, pour cette infidélité qu'elle venait de lui faire ; le second, de lui avoir fait croire qu'elle était son épouse.

— Je dois t'avouer quelque chose aussi...

Au même moment, Carl aussi avait pris la parole :

— Tu es si différente ce soir...

Ses doigts effleuraient les boucles brunes qui dépassaient du bonnet. Elle n'avait pas le cœur à briser ce moment. Pourtant, il le fallait.

— Peut-être que je ne suis pas exactement la Mélanie que tu aimes et que tu connais.

Pas de réaction. Il semblait subjugué par ses cheveux. Peut-être les détournaient-ils des paroles qu'il entendait. Jusqu'à ce que le bleu de ses iris l'enlace à nouveau.

— On dirait une apparition. On dirait la Mélanie que j'ai aimée si fort. Il y a longtemps.

Le bleu vira au gris. Pas un gris de colère. Plutôt de tristesse.

— Quand je me réveillerai demain, auras-tu seulement existé ?

Elle fouilla dans les poches du manteau de Carl, en ressortit son alliance, ôta son gant pour la glisser à son doigt. Du regard, elle lui demanda la permission d'enlever son gant à lui. Il hocha la tête et la jeune femme découvrit sa main gauche. Leurs doigts s'entremêlèrent. Le contact de leurs alliances sonnait comme une promesse.

Elle l'obligea à garder son regard accroché au sien, pour l'aveu sincère qu'elle s'apprêtait à lui faire.

— Je suis toujours là. Je ne sais pas trop où j'ai disparu. Mais c'est un endroit sombre...

À cet instant, Mélanie comprit qu'elle n'avait pas besoin de se connecter à l'autre pour capter ces émotions. Ces obscurités dont elle parlait étaient les siennes aussi.

Et peut-être que son Carl à elle n'était pas si éloigné de celui-ci : sans doute se perdaient-ils peu à peu, eux aussi. Il lui avait déjà confié combien il se sentait impuissant face à sa souffrance de ne pas réussir à vivre une grossesse viable, face à son désir d'enfant, insondable et incompris. Elle repensa à la colère qu'elle avait parfois contre lui quand il ne saisissait pas l'immensité de sa souffrance. Il faisait de son mieux pour la soutenir, pourtant elle s'enfermait dans sa solitude, dans une quête effrénée de la maternité. Carl aussi voulait être père, même s'il ne vivait pas les mêmes émotions qu'elle. Que savait-elle de ce qu'il traversait, lui, vraiment ?

Une vague de remords grandit dans son ventre.

La larme qui coula sur sa joue était vraie. S'adressant à l'un comme à l'autre des Carl qu'elle connaissait, elle continua :

— C'est sombre, c'est froid. J'ai si peur, si tu savais. Peur de ne pas y arriver. Peur de te perdre.

Les joues humides lui aussi, le père de Céleste reprit son souffle pour parvenir articuler.
— Pourquoi tu ne me l'as jamais dit ?
Elle haussa les épaules.
— Je crois bien que je ne le savais pas moi-même...
Carl ouvrit ses bras, l'enlaça.
Alors Mélanie revint là où tout avait commencé, là où tous les maux s'évaporaient. Contre son torse. Entre ses bras. Dans la sécurité et la chaleur. Dans la confiance et l'amour.

Personne dans les allées du parc pour apercevoir ces amants étranges, de deux dimensions éloignées ; étreignant un inconnu autant que l'homme, la femme de leur vie.

...22

Sur le chemin du retour, Mélanie ne pressait pas le pas. Le goût du baiser de Carl sur ses lèvres, son parfum dans les narines. Ses pensées étaient toutes tournées vers les derniers mots qu'il avait prononcés.

—Tu veux que je revienne ?

Son cœur s'était tellement accéléré qu'elle avait cru qu'il allait sortir de sa poitrine en galopant. Cependant, elle avait dû continuer de peser chacun de ses mots, de s'assurer que tout se passait dans l'intérêt de chacun. Dans l'intérêt de Carl, des enfants, et de l'autre Mélanie.

— C'est ce que tu veux ?

Une moue étrange avait déformé son visage.

— J'ai peur que ça soit un nouvel échec, je ne te le cache pas.

Il avait réfléchi encore quelques secondes, sans prononcer aucun mot. Pendant ce temps, Mélanie avait tiré les fils qui se présentait à elle. Que pourrait-elle bien lui dire pour l'assurer de la réussite de son retour ? La réponse lui était très vite parvenue : elle n'avait aucune garantie. Rien de rien. Aucune promesse, aucun assurance d'un avenir plus clément.

Elle n'avait dans sa main que la vérité. C'était bien léger pour faire renaître une relation. Mais c'était tout ce qu'elle détenait, alors elle avait joué carte sur table.

— Je ne peux rien te promettre. Sûrement que le temps arrangera bien plus les choses que moi.

De la déception avait décoloré les yeux bleus. Mélanie s'était approchée de lui, avait posé sa main sans gant sur le torse encore musclé de ce Carl plus âgé.

— Et en même temps, s'il y a de l'amour, je suis sûre que tout peut s'arranger. Et de l'amour, il y en a encore. Je le sais. Parce que tu n'as jamais réussi à me mentir. Là, tu vois, je sens ton cœur qui bat plus fort.

Le visage s'était à nouveau éclairé de complicité.

— Je te l'ai dit, je vais arrêter de côtoyer cette collègue. Je vais mettre les choses au clair et faire cesser nos échanges.

Mélanie avait hésité encore un instant, avant de lui avouer :

— Ce ne sera pas à moi qu'il faudra le dire. Celle qui t'aime est à la maison, elle pleure ton départ.

Carl n'avait pas semblé si surpris, et elle ne s'en étonna pas non plus.

— Tu aimerais rentrer ? avait-elle redemandé.

Les cartes étaient dans ses mains à présent.

— J'aimerais être là demain matin pour les enfants, quand ils ouvriront leurs cadeaux. Et par rapport à... toi... à Mel... ou à qui que ce soit... bref, tu m'as compris.

Ils s'étaient lancé un clin d'œil l'un à l'autre en même temps, faisant monter leurs rires dans la brume nocturne.

— Donc pour ma femme... Je crois que j'aimerais la voir aussi. Oui, je l'aime encore. J'aimerais qu'on arrive à parler ensemble, sans ignorer nos reproches ni nos sentiments. Que tout soit à plat.

Puis, pris d'un élan de franchise amusée, il ajouta :

— Tout ça est vraiment étrange ! Je vois bien que tu n'es pas elle, pourtant je sais que je te connais. Et que je t'aime aussi.

Mélanie avait clôturé en remettant son gant d'un œil rempli de sa malice naturelle :

— Eh bien, sachez, très Cher, que je comprends très bien tout ce que vous ressentez ! C'est la journée la plus bizarre de ma vie !

La suite était simple : elle rentrait parler à Mélanie, espérait repartir chez elle, pour laisser ensuite Carl revenir, passer Noël auprès d'eux.

Elle lui avait demandé de lui offrir un peu de temps encore. Il avait acquiescé.

— De toute façon, tu connais ma mère et le drame qu'elle ferait si je ne venais pas à un repas auquel elle m'a invitée !

Sa belle-mère était donc la même en cette vie que dans la sienne.

— Oui, vas-y, elle t'attend ! Et promets-moi de nous rejoindre après...

Lorsqu'il avait acquiescé, Mélanie crut revivre leurs vœux de mariage une seconde fois.

Pour le reste, la jeune femme n'avait pas la moindre idée des explications à la maman de Céleste quant à son absence. Lui dirait-elle pour le baiser ? Quelle réaction aurait-elle ? Ne devait-elle pas se contenter de parler du retour de Carl ?

Carl... Elle planait encore de la rencontre avec lui, des émotions qui étaient remontées et qu'elle avait exprimées.

Il lui tardait encore plus de retrouver son mari, de l'aimer, de lui annoncer qu'elle était prête à savourer chaque moment avec lui désormais, lui murmurer combien il était l'être le plus précieux de sa vie.

Ses pensées furent suspendues par une sensation d'humidité sur le nez. Sur le moment, elle n'y prêta pas attention, essuya l'appendice. Quelques secondes plus tard, le phénomène se répéta. Ce fut à ce moment que Mélanie sortit de sa rêverie. Elle cessa de marcher pour regarder le ciel obscur.

Un immense sourire illumina son visage.

Elle fit une entrée fracassante dans la maison, essoufflée d'avoir couru.

Les trois enfants, qui jouaient dans le salon, sursautèrent, et leur mère déboula de la cuisine, une poêle dans une main et une spatule dans l'autre, espérant certainement voir rentrer son mari.

Tous regardaient Mélanie, le souffle suspendu. Et celle-ci éclata comme on déclenche direct le grand final d'un feu d'artifice :
— IL NEIGE !!!
Aussitôt, les enfants se mirent à sauter et à crier de joie. Leur maman restait figée, semblant avoir besoin d'un temps d'assimilation pour comprendre un tel enthousiasme : son regard passait de Mélanie aux petits, des petits à Mélanie.
— IL NEIGE, IL NEIGE !!! répétaient-ils en chœur.
— C'EST LA MAGIE DE NOËL !!! s'écria Céleste de plus belle, les bras en l'air.
— Habillez-vous, venez voir !
— Quoi ? finit par articuler leur mère.
Trop tard pour intervenir : la jeune Mélanie leur faisait déjà enfiler manteaux, bonnets, écharpes... Paniquée, la plus âgée des deux alla ranger ce qui encombrait ses mains dans la cuisine, avant de revenir dans le couloir.
— Non, c'est pas possible, regarde il fait froid dehors... Non pas celui-là, ça c'est à Timéo, pas à Romaric... Non, ils n'iront pas dehors, ils ne peuvent pas faire ça en pyjama... Il fait noir et il fait froid... Mélanie, non... Tu m'écoutes ?
Non, Mélanie n'écoutait rien. Elle riait avec les enfants, qui emplissaient ses tympans d'empressement et d'excitation. Elle ouvrit la porte en grand et le spectacle fut encore plus époustouflant que quelques minutes auparavant. De gros flocons tombaient à présent du ciel, maculant déjà l'allée et le

jardinet de taches blanches. Suivie de trois bonnets aux pompons remontés sur ressort, Mélanie se mit à danser sous cette pluie de coton ; Romaric chantait *Vive le vent* ; Céleste faisait danser Timéo.

— On pourra faire un bonhomme de neige !
— *... vive le vent d'hiver...*
— Et des batailles de boules de neize !
— Regardez ! J'ai attrapé un flocon !
— *... et bonne année grand-mère !*

Ils riaient, se coursaient, se tenaient par les mains, se lâchaient, sautillaient... Leurs pieds faisaient crépiter la neige qui s'amoncelait rapidement au sol. Cette mélodie envoutante avait complètement emporté Mélanie, oubliant que deux des enfants ne la connaissaient pas, ne l'avaient même jamais vue. Il lui semblait qu'ils avaient toujours vécu ensemble, qu'ils s'étaient toujours amusés ensemble, que tout avait toujours été ainsi : fluide, jovial, entrainant. Que leurs cœurs avaient toujours battu à l'unisson, que ces trois petites vies étaient déjà liées à celle de la jeune femme bien avant qu'elle ne sache qu'elle désirait un enfant.

Du froid sur les joues, du chaud dans la poitrine, de l'ivresse dans la tête : ce fut un moment d'insouciance, sans plus de doute ni de tourments.

Il ne restait que la folie d'être ensemble. Pour un instant ou pour toute une vie. Pour toutes leurs vies.

Mélanie sentit petit à petit monter une pointe dans sa gorge, qui vint gâcher son moment de fête. Son énergie diminua. D'où pouvait provenir cette émotion désagréable ? Il n'y avait aucune raison de se sentir triste !

Elle aperçut alors la maman des enfants et la douleur s'amplifia instantanément. De picotements, elle devint lames de rasoir.

Elle était restée dans le hall d'entrée, quelques pas en arrière de l'embrasure de la porte. Son expression était bien loin de l'innocence enfantine et des éclats du jardin enneigé. De la chaleur de la maison, il ne restait rien au-delà de son corps immobile, bras croisés, presque effrayée par la scène qu'elle observait. Mélanie proposa à Céleste de la remplacer dans la ronde avec ses petits frères et se dirigea vers le porche.

— Ça ne va pas ?

Son alter ego resta de marbre un moment, les yeux rivés sur ses trois petits.

— Comment tu fais ça ? finit-elle par murmurer.
— Mais... faire quoi ?
— Ça !

Pour appuyer sa réponse, elle fit un geste en direction des enfants, du ciel, du jardin. Mélanie restait néanmoins dans le flou.

— Tu peux être plus précise ?
— Tu joues avec les enfants... Dehors... Et ils sont en pyjama...

Mélanie ne put réprimer un petit rire étouffé, avant de se reprendre face au désarroi de sa semblable qui paraissait tout à fait sérieux.

C'est vraiment ce qu'on fait qui la met en PLS ???
— Tu n'as jamais fait quelque chose comme ça ? osa-t-elle questionner.
— Non ! JAMAIS !
La voix dérailla et Mélanie pouvait deviner l'humidité envahir les globes oculaires.
— Tu n'as jamais joué avec tes enfants, c'est ça ?
Mélanie avait parlé plus bas, avec cette douceur et cette délicatesse qui amenaient les confidences. De celles qu'on ne s'avouait parfois pas à soi-même. La mère regarda le sol, avant d'entamer un très léger mouvement de tête de droite à gauche. Face à tant de vulnérabilité et de détresse, la jeune femme sentit en elle un puissant élan de tendresse.

Peut-être parce qu'elle avait pu expérimenter dans son corps que la vie était trop courte.

Peut-être parce qu'elle n'avait que quelques heures avec ceux qui auraient dû être ses enfants.

Peut-être parce qu'elle aurait voulu transmettre de sa spontanéité à cette femme à ses côtés, intransigeante avec elle-même.

Peut-être parce qu'elle aurait voulu lui ouvrir la porte de sa prison de culpabilité.

Mélanie réalisa que ce moment n'était pas le sien, mais qu'elle pouvait faciliter une sorte de passation : transmettre un peu de sa légèreté à celle qui en manquait cruellement.

Une pensée l'effleura.

— J'aurais donné n'importe quoi pour danser sous la neige avec mon bébé cette année... s'entendit-elle dire.

Alors qu'elle saisissait la main froide et tremblante de sa double, celle-ci releva des yeux effrayés. Mélanie les accueillit sans crainte. Il se passait quelque chose dans son corps, qui s'ancrait face aux tempêtes intérieures de sa nouvelle protégée.

— Je te jure qu'il ne t'arrivera rien si tu essayes.

L'autre Mélanie resta immobile, fébrile et indécise.

Sans vraiment calculer ses gestes, la jeune femme l'enveloppa dans un bras, l'attira à elle jusqu'à ce que leurs cœurs se touchent.

Comme c'était étrange de sentir ainsi le même organe battre à l'intérieur et à l'extérieur de soi.

— Tu fais partie de moi, et je fais partie de toi, lui souffla-t-elle à l'oreille. Ce que je fais, tu peux le faire.

Un murmure éraillé de peurs et de pleurs répondit :

— Et si... Et si j'y arrive pas ?

Un doux sourire se dessina sur les lèvres de Mélanie. Elle savait à présent ce qu'elle devait faire, son rôle ici. Plus aucun doute ne subsistait. Parler à voix basse, contre les cheveux, sans la brusquer.

— Tu le fais déjà.

Pas de réaction. Les seuls bruits provenaient les chants joyeux des enfants, passés à *Mon beau Sapin*.

Encore un instant.

S'assurer qu'elle était prête.

Parler encore plus bas.

— La vie n'a pas à être si sérieuse. Tu excelles dans tout, la gestion millimétrée de tes enfants, de leurs repas, de leur éducation... Tu peux t'autoriser à relâcher cette pression quelques instants. Tu n'as pas à être parfaite. Ils t'aiment telle que tu es, avec toutes tes facettes.

Une secousse.

Un relâchement.

Le bruit des larmes qui coulent en silence.

— Comment tu peux en être sûre ? répondit-elle. Comment tu sais qu'ils m'aiment ? Ils doivent me détester d'être comme ça au contraire...

Resserrer l'étreinte.

Déposer au creux de l'oreille, au plus près du cœur :

— C'est Céleste qui me l'a dit.

Son alter ego se redressa avec lenteur. Les joues gonflées de pleurs. Une nouvelle émotion dans le regard. Une émotion que la jeune femme n'avait pas encore décelée jusque-là.

— Merci...

Mélanie put la voir inspirer, les yeux fermés. Relâcher ses bras. Essuyer ses paupières du bout des doigts. Et, enfin, descendre les marches du perron, chaussons aux pieds, son petit gilet sur les épaules, les mains tendues sous le ciel pour en palper les flocons.

— MAMAN !!!

Les trois petits lutins dispersés s'agglutinèrent autour d'elle ; elle la fleur, eux les abeilles, enserrant les jambes et la taille de leur maman de leurs bras boudinés par leurs doudounes. Ils restèrent quelques minutes ainsi, sans bouger. Si ce n'était le visage de Céleste qui se tourna en direction de Mélanie, les yeux et le sourire remplis d'une joie absolue. Leur maman caressait chacune des têtes, chacune des joues de ses enfants.

Que se passe-t-il dans sa tête ? se demanda la jeune femme.

Elle n'eut pas à l'imaginer : elle le sentait aussi distinctement que si elle avait été la cible de ce câlin à six mains. Ces mots qui résonnaient en elle finirent par éclater au grand jour, bravant l'air froid, à travers cette mère qui s'autorisait soudain à l'être.

— Je vous aime tellement mes chéris !

Après un moment de grâce entre elle et ses bambins, elle se dégagea pour se diriger vers un des massifs qui ornait le jardin. Elle s'accroupit, assembla une petite poignée de neige, se retourna et lança la plus hilarante des batailles de micro boules de neige qui soit !

Depuis le hall d'entrée, Mélanie savoura la scène, encore sous le choc du lâcher prise de sa double : mère et enfants se coursaient avec ses petits tas de flocons et de terre, la neige au sol étant encore largement insuffisante. Si les cris de joie et de bonheur avaient été très expressifs quand elle les avait emmenés dehors, ils redoublèrent d'intensité avec leur maman et remplissaient l'espace tout entier de rires et d'amour.

Très vite, Romaric se couvrit les joues du mélange de terre et de flocons, pour ressembler à un guerrier indien. Timéo s'allongea pour faire un ange, même s'il ne faisait que découvrir les cailloux sous son petit corps. Et Céleste essayait de mettre de la neige sous les vêtements de sa mère, qui tenta tant bien que mal de se venger de sa petite, celle-ci lui échappant systématiquement, zigzagant autour d'elle comme une mouche qui aurait avalé la potion magique de Panoramix. Mélanie tendait un bras, sa fille avait déjà fait le tour pour l'attaquer dans son dos. Sa mère se prenait de plus en plus au jeu, redoublait d'efforts, jusqu'à ce qu'elle finisse par attraper la capuche entre ses griffes.

— AU SECOURS !!! AU SECOURS !!! hurla Céleste tout en riant.

Aussitôt, Timéo et Romaric accoururent à sa rescousse, l'indien au poing levé, vindicatif :

— TOUS SUR MAMAN !!!

Les trois se ruèrent sur leur victime, lui infligèrent chatouilles, prises de catch et croche-pattes. Tant et si bien qu'il ne fallut que quelques secondes à Mélanie pour s'avouer vaincue. Recroquevillée sur le sol enneigé, elle demanda une trêve, entre deux « Non, arrêtez ! », dus au supplice des chatouilles que son aînée lui faisait subir.

Leurs jeux et leurs rires se poursuivirent encore quelques minutes, sous le regard attendri de Mélanie qui n'en perdait pas une miette. Émerveillée, elle se sentait encore imprégnée de cette sensation qui venait d'émerger dans son corps quelques minutes plus tôt. Plus la famille s'amusait, plus cette sensation grandissait et remettait de la lumière là où, auparavant, elle ne voyait que froideur et obscurité. C'était devenu un espace chaud, réconfortant. Un lieu en elle où elle aurait aimé passer un peu plus de temps. Mélanie et ses enfants étaient en train de lui montrer que sa réalité pouvait changer. Cette réalité de mère dépossédée, endeuillée, brisée, ne pouvait pas être une fatalité. Il y avait un chemin, une issue. Tout semblait possible.

Peut-être, pensa-t-elle, *peut-être je dis bien, que tout ceci ne m'arrive pas pour rien...*

...23

Il avait bien fallu s'avouer vaincus et rendre les armes lorsque Timéo, le manteau tout mouillé, avait déclaré avoir froid. Tout ce petit monde avait remonté les marches du perron et était revenu dans le hall de la grande maison. Les deux femmes s'étaient alors occupées des trois enfants. Les déshabiller, leur faire prendre un bain, changer leurs pyjamas souillés.

Deux mères pour eux, qui n'en faisaient qu'une.

Tout cela semblait parfaitement naturel à chacun d'eux. L'évident entrelacs de leurs vies ne faisait plus aucun doute. Les deux Mélanie recevaient les mêmes mots, sans distinction.

« Maman, z'ai froid ! » avait été les paroles de Timéo en direction du porche, à la grande surprise de la plus jeune des femmes. D'abord surprise, elle s'était assurée d'un regard qu'il s'adressait bien à elle. Sa vraie mère se trouvant derrière lui, il avait donc délibérément tourné la tête vers cette autre adulte pour lui demander son aide.

Une pointe de tristesse avait cherché à compromettre cet instant de grâce. Sûrement aussi une ou deux questions.

Et s'il ne m'aimait pas ?

Je ne profiterai jamais de lui dans ma vie à moi.

STOP ! s'était-elle alors imposée. *Je n'aurais aucun autre moment pour en profiter !*

Mélanie avait alors laissé grandir en elle l'amour, la joie, la gratitude ; ainsi, le chagrin fut bien vite balayé. Elle avait souri au garçonnet, s'était dirigée vers lui, puis l'avait pris dans ses bras. Timéo s'était logé contre elle pour se réchauffer.

Les regards des Mélanie s'étaient croisés à cet instant. La jeune femme n'y avait senti qu'une bienveillance, émue et attendrie. La vie avait pu reprendre son cours, presque normalement.

Elles avaient cuisiné ensemble. Géré les enfants ensemble. Fait manger les petits ensemble. Avaient préparé ensemble le plateau pour le Père Noël, les petits gâteaux, le verre de lait. Tout avait été si léger, si doux. Mélanie avait même l'impression que leur mère appréciait avec sincérité sa présence. Elles se relayaient l'une après l'autre auprès de chacun des trois petits.

Mélanie avait pu observer la fratrie pour imprimer en elle la moindre trace de leur présence.

Céleste se montrait rêveuse, un peu en retrait de ses frères. Bien qu'elle soit la plus âgée et pleine de sagesse, il lui était difficile de partager. Ses frères quémandaient souvent les objets qu'elle tenait entre ses mains. Cela l'ennuyait visiblement, à voir sa mine qui se renfrognait un peu plus à chaque nouvel assaut. Jusqu'à ce que sa mère lui demande :

— Quand tu seras prête, tu serais d'accord de passer ton livre à Romaric s'il te plaît ?

Et cela fonctionna ! Mélanie n'en revint pas de voir Céleste céder l'ouvrage à son frère, au bout de quelques minutes et de bon cœur.

Elle retourna ensuite jouer à un jeu dont elle seule connaissait le code et l'histoire, en retrait de ses cadets. Son imagination put alors se déployer tout autour d'elle, sans limite. D'une oreille, Mélanie écouta ses récits fantastiques, fait de licornes, de rois, de bébés aux super pouvoirs, et d'un chien qui se prenait pour une sirène.

A l'écouter, la jeune femme se souvint comme elle-même aimait à créer ce genre de jeux quand elle était enfant.

Nous avons tellement de points communs...

Romaric, quant à lui, était une machine de communication. Quoi que fasse Mélanie, quoi qu'elle dise, il trouvait matière à questionner, déduire, rétorquer, reprendre, interpréter, digresser... Grâce à lui, elle était devenue incollable sur les requins — sa grande passion du moment lui avait expliqué sa mère. Romaric portait des cheveux noirs comme les siens, mais ceux du petit garçon de cinq ans était encore soyeux et doux comme ceux des bébés. Le moindre millimètre de son visage s'exprimait en même temps que les paroles qu'il débitait à un rythme record. Sa maman demanda à plusieurs reprises qu'il se taise, ou écoute un peu son frère et sa sœur. Mélanie comprit que, quotidiennement, l'énergie de Romaric devait peser sur sa maman, l'espace sonore sans cesse investi, sans presque une minute de répit. Et en même temps, sa curiosité, sa vivacité d'esprit, l'émerveillement dont il faisait preuve, ses grands yeux noisette écarquillés quand il s'exclama : « Tu savais qu'il existait un requin citron ??? », sa petite bouche déformée entre surprise et grimace, étaient autant de détails qui réjouissait Mélanie, heureuse de servir d'interlocutrice préférée de la soirée, entre deux câlins de Timéo.

Le benjamin était une boule d'amour sur pattes. Des joues rondes, des bras et des cuisses dodus, un ventre tout replet : pas de doute, Timéo était encore un bébé. Son babillage l'attendrissait, bien qu'elle n'y comprenne pas grand-chose. Sa gestuelle, hésitante et malhabile, déclenchait des « ohhh ! » ébahis, même quand il essaya de lui tirer les cheveux ou que son pied passa un peu trop près de son visage. Le petit dernier avait une propension naturelle à quémander des bisous, des étreintes. Sa maman lui montra comment elle l'installait dans un porte-bébé dans son dos — *pour avoir les mains libres*, avait-elle ajouté d'un regard entendu.

— C'est vraiment génial ce truc ! s'émerveilla Mélanie.
— Tu veux l'essayer ?
Ses yeux s'arrondirent. Elle n'aurait pas osé rêver lui demander ne serait-ce que la permission de le faire.
— Tu serais d'accord ?

Telle une chouette, la maman tourna la tête vers son petit bout avec une souplesse aguerrie.
— Timéo, tu as envie que l'autre maman te porte ?
C'était la première fois qu'elle la désignait sous ce nom. Mélanie n'entendit pas la réponse du bambin : elle était ensevelie sous une tonne d'émotions.

Maman... Elle aussi était maman. Une mère étrange, insolite, venue d'ailleurs, c'était vrai. Et en même temps, son corps, sa tête et son cœur comprenaient ensemble la musique de ce mot : être maman ne signifiait pas seulement mettre au monde et élever. Parfois, rêver un enfant pouvait suffire à créer ce lien. Oui, elle en avait le droit.
Je suis maman...

Prise à ses réflexions, elle ne réalisa pas tout de suite que Mélanie était face à elle, le porte-bébé dans les mains. Avec une aisance experte, elle installa une espèce de ceinture autour de sa taille, la clipsa.
— Tu veux qu'il soit devant ou derrière ?
—... C'est-à-dire ?
— Soit je l'installe dans ton dos, comme je l'avais fait sur moi, soit je l'installe contre ton cœur.
Ses yeux durent briller à la seconde proposition. La maman de Timéo lui sourit et ajusta le porte-bébé à la préférence de Mélanie. Après quelques réglages,

le bambin était installé contre elle, et aussitôt il se blottit sous son cou.

Maman d'un soir, la jeune femme l'enlaça et le berça des dizaines de minutes. Elle se délecta de sa respiration, de la douceur de ses cheveux blonds, copie conforme de son père. Elle lui chanta les comptines dont elle se souvenait, inventait parfois quelques paroles que le petit rectifiait ou reprenait en chantant. Peu à peu, Timéo cessa de gigoter et de l'accompagner dans les chansons. Le petit corps se relâcha, tout en confiance, et le bambin finit par s'endormir.

— Tu veux le mettre au lit ? demanda sa mère.

Mélanie ne se fit pas prier. Elle monta, se rendit dans la chambre des enfants. Là, en prenant soin de ne pas le réveiller, elle le déposa dans le lit qui lui était réservé.

Encore quelques minutes à observer ainsi ce bébé, détendu, abandonné, tellement apaisé ; encore quelques minutes à se gorger de lui, son tout-petit d'un soir. Quand elle fut rassasiée, elle alluma le *Baby Phone,* ferma la porte de la chambre en silence, avant de descendre rejoindre le reste de la famille dans le salon.

Les deux aînés étaient particulièrement calmes : Céleste remplissait de couleur un coloriage et Romaric, pour une fois, se contentait de l'observer sans rien commenter. Leur maman s'était installée dans le canapé près de la cheminée. Mélanie scruta l'heure.

21h passé.

Elle pressentit que la fin de ce voyage temporel était proche. Son cœur se pinça, quoi que la sensation fut vite radoucie par la voix de l'autre Mélanie.

— Je nous ai préparé des tisanes de Noël.

Elle la rejoignit.

Un long moment de silence s'ensuivit, seulement perturbé par les conversations de Céleste et Romaric. Un fond musical flottait dans l'air, discret.

Ce fut la plus âgée qui brisa ce moment solennel.

— Merci...

La plus jeune haussa ses épaules.

— Merci de quoi ? C'est moi qui devrais te remercier !

Leurs sourires se croisèrent. La première continua :

— Tu sais, quand tu as quitté la maison tout à l'heure, j'ai vraiment cru que tu étais repartie d'où tu venais. J'ai d'abord été soulagée, je ne te le cache pas, lui avoua-t-elle, associant cette confidence à un coup de coude complice. Pourtant, je me sentais encore plus mal. Comme s'il me manquait quelque chose.

Mélanie écoutait avec attention, curieuse de la suite.

— Je ne comprenais pas ce que c'était, ajouta sa semblable. Maintenant je sais. J'avais oublié de te dire quelque chose.

Elle posa sa tasse sur la table basse, puis une main sur l'épaule de sa jeune voisine.

— Mélanie... Ce que tu as vécu est profondément injuste. Perdre ses tout-petits, je le sens à présent, ça a déchiré ton cœur. Ça t'a brisée.

Les poings de la jeune femme se fermèrent. Si elle s'était attendue à ça...

La mère de famille prononçait les mots qu'elle attendait depuis près d'un an. Un an à entendre que cela finirait bien par marcher, que ça irait, que c'était l'occasion de faire d'autres choses, de profiter de leur vie de couple, etc.

Mais jamais personne, pas même Carl, n'avait prononcé ces mots-là. Personne n'avait aussi bien compris son chagrin.

Elle sentit une larme couler. Elle se mordit l'intérieur des joues pour se contrôler. Convaincue de ne pas se laisser submerger, elle indiqua d'un signe de tête qu'elle était prête à entendre la suite.

— Tes enfants te manquent. Chaque jour, tu penses à eux. Tu voudrais pouvoir te sentir vivre à nouveau. Seulement, une part de toi est morte avec eux. Même si tu as d'autres enfants, ils ont laissé une empreinte indélébile en toi.

Cette fois, les sanglots s'échappèrent et Mélanie enfouit son visage dans ses mains.

Ce n'était pas de la tristesse. Tous ces mots, c'était enfin le miel pour adoucir ce poids si lourd sur sa poitrine et ce vide dans ses entrailles. Ils étaient comme des robinets qu'on ouvre pour larguer les trop-pleins accumulés au cours de l'année écoulée. Comme une bouée à saisir, enfin, dans l'océan de son chagrin.

La main sur son épaule glissa jusqu'à l'omoplate opposé, tout en délicatesse. La chaleur de l'avant-bras enveloppa le haut du dos, accompagna le corps en pleurs. Son alter ego lui offrant un espace sécurisé, Mélanie n'eut qu'à s'y engouffrer.

Tout put enfin sortir, tout ce qu'elle avait retenu si longtemps. Elle pensait avoir suffisamment pleuré au long de ces derniers mois, seule dans son lit ou dans les bras de son mari. Ce n'était pourtant pas pareil d'être tenue par une autre femme, par elle-même qui plus est, mère de ces trois enfants qu'elle avait perdus. Les mots de cette dernière avaient eu l'effet d'un miroir : un miroir ni effrayant, ni optimiste. Juste réaliste.

Peut-être même que Mélanie n'avait jamais osé soutenir la réalité de ces pensées-là. Oui, elle les avait sans doute perçues de loin, mais elle avait changé de trottoir, les avait ignorées. Sans se décourager, elles étaient restées là. À présent, la mère de famille se contentait de les lui montrer, sans en avoir peur, ni de leur teneur, ni de leur impact.

Au contraire, elle lui offrait ici l'écrin dans lequel déverser tout ce flot qui ne tarissait plus. De caresses dans ses cheveux, elle mettait de la douceur sur les plaies, sans chercher à les soigner à tout prix.

— Qu'est-ce qu'elle a maman ? questionna la petite voix de Céleste, manifestement inquiète.

— Elle pleure ma chérie, se contenta de répondre sa figure maternelle.

Un soupçon de culpabilité tenta tant bien que mal de freiner les larmes de Mélanie : elle ne voulait pas traumatiser les petits. Pour autant, elle ne parvint même pas à mobiliser assez de force pour cela ; le torrent était beaucoup trop puissant.

— Pourquoi ?

Cette fois c'était Romaric.

— Elle a perdu ses bébés.

Leur maman répondait avec simplicité et honnêteté. Le jeune femme n'arrivait pas à réfléchir si cela était bon ou pas pour eux d'entendre son histoire.

— Ils sont où ? continua le petit garçon.

— Ils ne sont pas nés mon petit chat. Quand ils étaient dans son ventre, alors qu'ils étaient de toutes petites graines, leur cœur s'est arrêté de battre.

— Oh les pauvres ! pleurnicha Céleste. Ils ont eu mal ?

— Je ne crois pas ma puce. C'est un risque qui existe. Nous, nous avons eu la chance que ça ne nous arrive pas. Mélanie, en revanche, l'a vécu trois fois. Et ça lui a fait très mal. Ça lui fait encore mal. Pas comme un bobo : ça fait mal dans son cœur. Car elle se sentait déjà leur maman.

— C'est tellement triste que ses bébés ne soient pas là ! s'attrista Romaric.

Et les deux petits corps se collèrent à celui de Mélanie. Elle eut alors le courage de sortir du giron protecteur, de prendre les enfants à son tour dans ses bras. Un bisou se posa sur sa joue. Une paire de bras serrait presque trop son cou. Elle ne chercha néanmoins pas à s'en délivrer. Elle avait trop besoin de cette affection, de se remplir de leur lien.

— Moi, je sais que tu vas avoir un bébé ! s'écria Romaric.

Mélanie desserra son étreinte, lui offrit son regard tout mouillé, une malice enfantine retrouvée.

— Ah bon ? Tu sais ça, toi ?

Le petit garçon fit une tête tellement improbable pour acquiescer que Mélanie retrouva son rire. Ses grands yeux marron s'étaient arrondis et sa mine sérieuse s'opposait au comique qui s'en dégageait.

— Ben oui, j'en suis sûr ! Tu es déjà une super maman !

Même si elle gardait le sourire, la bouche de la jeune femme trembla à nouveau. Elle haussa ses épaules lourdes de fatalité.

— Tu sais, peut-être pas autant que tu ne le crois... Puisque mes bébés n'ont pas voulu rester avec moi...

La main de Céleste se posa sur sa joue et Mélanie fut aussitôt aimantée par son visage. Son sourire paisible semblait illuminer toute la pièce.

— Ce n'est pas vrai. Tu es une super maman. Regarde, moi, je t'aime comme si tu étais ma maman !

Mélanie croyait entendre son cœur battre dans les enceintes à la place de la musique de Noël. Sa poitrine se chargeait de soleil. Ses yeux de larmes. Son ventre de chaleur. Chaque seconde passée face à Céleste, son regard convaincu, donnaient un peu plus de véracité à sa phrase. Le monde avait dû s'arrêter de tourner. Le temps s'était suspendu aux lèvres de l'enfant.

Et Mélanie avait envie d'y croire. Oui, l'espoir galopait dans ses tripes comme une jument libre dans les plaines. On aurait pu entendre son hennissement sauvage, là-bas au loin, dans un lieu dépourvu de barrière, de bride ou de menace quelconque.

— Oui ! On t'aime comme notre maman ! applaudit Romaric.

— Mais dis donc ! T'as pas le droit ! rétorqua l'autre Mélanie, feignant de s'en offusquer.

Ils rirent tous les trois ensemble ; les enfants chatouillés par leur maman ; la lumière du feu dansant sur leurs silhouettes réunies ; les mains qui se tenaient, se retenaient, se cherchaient, se retrouvaient, enfin.

Sans doute que cette Mélanie n'était pas encore sortie de sa dépression.

Évidemment que les problèmes avec Carl ne seraient pas tous réglés ce soir, ni demain. Peut-être même jamais. Il leur faudrait sûrement du temps pour se réapprendre tous ensemble.

Pourtant, là, à cet instant, celle qui était l'intrus le matin même eut une étrange conviction : cette famille irait mieux.

Et j'y ai contribué... songea-t-elle.
Une pointe de fierté s'immisça d'abord.
Puis de la gratitude. Incongrue gratitude. Elle l'accueillit malgré tout, tout en contemplant Mélanie, Céleste et Romaric vivre et s'aimer.

...24

Mélanie profita de son passage aux toilettes pour se rafraîchir le visage. Le maquillage n'avait pas trop coulé.

Son reflet lui renvoyait une vision nouvelle d'elle. Elle prit le temps de l'observer, de lui sourire.

On en a vécu des choses, toi et moi...

C'était de la compassion qu'elle identifiait là, au coin de ses lèvres. Une compassion immense pour celle qu'elle était aujourd'hui, pour ce qui lui était arrivé. Le moment était parfait pour regarder sans honte la façon dont elle avait traité sa personne au cours de l'année précédente. Pour survivre, son unique solution avait été de s'emmurer dans la solitude. Elle avait rejeté ses amies, elle avait détesté sa famille. Elle s'était sentie incomprise de tous, mais à présent qu'elle se faisait face, sa conscience lui demandait :

As-tu seulement exprimé ce que tu vivais ?

Elle savait que la réponse était négative. Carl avait pu voir ses larmes, sans qu'elle ne lui laisse tout à fait réaliser le vide immense que les fausses couches avaient creusé dans son être. Avec le reste du monde, elle avait érigé un mur de Plexiglas : ainsi, elle paraissait présente, au travail, aux soirées, dans sa famille. Présente et pourtant dans sa bulle stérile où le bruit de son chagrin n'était connu que d'elle, son entourage parfaitement à l'abri de ses éclaboussures.

À présent, quelqu'un était parvenu à ouvrir la porte de cette caverne invisible et Mélanie voyait que le deuil n'avait rien de sale. Il ne l'avait pas rendue contagieuse, ni infréquentable. Il existait des personnes capables de la voir sans cette vitre, sans avoir peur de sa nouvelle apparence.

Sa nouvelle apparence. Quelle drôle d'idée qui venait d'émerger là.
Elle avait changé, elle s'en rendait compte à présent. Mais à quel point ? L'univers entier semblait différent. La vie elle-même avait un autre goût. Elle avait d'abord été envahie par la saveur amère, aux relents cruels et nauséabonds, qu'elle avait cherché à fuir.
Pourtant, ce soir-là, le goût de la vie s'était modifié. L'amertume restait dominante, néanmoins une pointe de sucré ressortait. Oh, encore discrète. Il fallait s'y attarder pour saisir toute sa présence et son intensité. Cela valait quand même le coup de de la laisser trainer en bouche.
Alors sa puissance devenait saisissante, presque incroyable.

Mélanie prit le temps de savourer la nouvelle identité de son existence. Pour la première fois, le chagrin se retirait de la grève et laissait apparaître les trésors gardés enfouis jusqu'alors.

Ceux qui avaient été là, malgré sa froideur et la distance qu'elle avait gardée.

L'amour entre elle et Carl, plus fort que jamais. Sa certitude qu'il allait être le père qu'elle souhaitait pour ses enfants.

Elle avait aussi envie de revenir à l'essentiel, ce qui faisait sens dans sa vie. Elle avait envie de se débarrasser du superflu. Son boulot lui pesait depuis des mois, elle y passait sa vie sans rien trouver d'utile à son rôle.

Je crois que j'ai envie d'autre chose... s'avoua-t-elle.

Laisser encore un peu perdurer la saveur de sa nouvelle elle. Il y avait d'autres choses oui.

J'ai gagné quelque chose...

Son reflet lui sourit.

Au moins trois choses.

C'était comme un secret qu'elle osait à peine s'avouer. Une réalité indicible.

Je dois être folle... Mais je me sens chanceuse.

Chanceuse.

Vraiment chanceuse.

Si on lui avait dit qu'elle penserait cela après avoir perdu ses bébés, elle ne l'aurait jamais cru ! C'était là, dans sa poitrine.

Ça battait fort. Ça chauffait ses tripes.

J'ai trois anges gardiens rien qu'à moi. Ils sont entrés dans ma vie et n'en repartiront jamais. Je ne serai plus jamais seule désormais. Plus jamais sans amour, parce que je sais qu'ils m'aiment. Et que je les aime de tout mon être.

Cet amour, il existe, il est là. Je peux le boire, je peux m'en remplir jusqu'à plus soif. Il peut devenir un carburant, au lieu d'être le feu qui carbonise tout ce que j'ai et ce que je connais. Je n'y avais jamais pensé...

J'ai de la chance de les avoir. Ils sont à moi, rien qu'à moi. Tant de personnes se sentent seules, même lorsqu'elles sont bien entourées. Moi, je serai accompagnée partout, en toutes circonstances ; au milieu du désert ou dans une foule anonyme, mes trois amours seront à mes côtés. Je vieillirai avec eux. Quand une bonne nouvelle nous rendra heureux, je verrai leurs sourires se dessiner dans le ciel. Quand nous vivrons des drames, quand j'irai mal, je sentirai leurs bras m'envelopper.

Ma vie peut être douce.

Ma vie avec eux est une chance.

Son sourire s'étira.

Il lui tarda soudain de rentrer chez elle. Pas pour revenir dans sa zone de confort et se sentir à nouveau en sécurité.

Au contraire, elle se sentait prête à poser les jalons d'une nouvelle existence, plus lumineuse, plus alignée. Elle était prête à essayer sa nouvelle vie entourée de ses trois gardiens, prête à apprivoiser sa nouvelle personne, avec tous ces nouveaux angles de vue et perspectives que le deuil avait façonnés.

Ce n'était pas qu'une histoire qu'elle se racontait. Au fond d'elle, cela sonnait trop bien pour être faux.

La femme dans le miroir débordait de confiance à présent. Ses yeux brillaient de joie et d'impatience.

Il est temps.

Ce furent le silence et des mines déconfites qui l'accueillirent à son retour dans le salon.

— Eh bien, vous en faites une tête !

Céleste prit la parole, la voix vide, les yeux baissés.

— Je sais que tu vas bientôt partir.

À cet instant, malgré son impatience quelques secondes auparavant, la perspective du retour chez elle prit une dimension douloureuse. Mélanie s'assit entre la fillette et son frère. Tous les trois s'enlacèrent. Fort. Longtemps. Un enfant dans chaque bras, leurs têtes brunes collées contre sa poitrine. Elle respira avidement le parfum de leurs cheveux. Elle voulait imprimer chaque seconde d'eux dans sa chair, comme elle avait eu la chance de le faire en portant Timéo.

Lorsqu'elle releva les yeux, elle croisa ceux de l'autre Mélanie. Sa double. Leurs âmes liées à jamais se comprenaient à présent. Son regard chercha à combler de réconfort la jeune femme. Sa main se déposa sur sa joue, marquée de larmes.

— Tu es une chance, Mélanie.

À ces mots, la jeune femme intensifia le contact de la paume, pour y imprimer la force et la beauté que les autres percevaient en elle, celles-là même qu'elle avait tant de mal à voir.

Parler était devenu inutile. Une dernière fois, elle voulait être accueillie pleinement, dans la sincérité de leur lien. Elle savait qu'il lui faudrait ensuite braver à nouveau les incompréhensions, les jugements, les silences embarrassés. Les paroles et le regard de sa double devaient forger en elle la plus forte des convictions : la légitimité de son vécu. La véracité de ses ressentis. Le visage de la mère de famille devait rester à jamais vivant en elle, semblable à un phare face aux intempéries.

— J'ai eu la chance de croiser ta route, ajouta celle qui la réconfortait. Tout ce que tu es, je le suis aussi. Tu es moi, je suis toi. Maintenant, je sais que je peux y arriver. Je *vais* y arriver. Je te fais la promesse... Non, je *me* fais la promesse, de tout faire pour sortir de ma dépression.

Sa sincérité était évidente. Il leur était impossible de mentir l'une à l'autre, à présent qu'elles s'étaient vues et reconnues dans toutes les réalités qui les forgeaient. Il suffisait que leurs yeux se croisent pour plonger l'une en l'autre. Toutes les deux transformées, autant par les épreuves qu'elles avaient traversées que par leur rencontre.

— Je le sais, je n'en doute absolument pas, murmura la jeune femme, un sourire aux lèvres et une main qui prit avec tendresse celle de sa protectrice. Il y a de toi en moi maintenant. Je sais que ce que tu traverses est réel aussi. Toi aussi, tu souffres. J'étais centrée sur ma douleur. Malgré cela, tu as su me dire ce dont j'avais besoin pour m'apaiser.

Leurs doigts se serraient si fort qu'ils auraient pu rester entremêlés, soudés pour toujours.

— Tu m'as montré que les souffrances ne se comparent pas. En me permettant de voir ma réalité, j'ai compris quelque chose de très important : je peux te comprendre, et tu peux me comprendre. Ça n'enlève pas la véracité de nos vécus. Ce que tu vis est vrai, ce que je vis l'est aussi.

Son sourire se ternit.

— En fait, je pense à ma sœur. À tout ce que j'attends d'elle. La façon dont je rejette systématiquement ses plaintes. Mais je ne suis pas elle. Je ne sais pas si elle aura ta capacité à croire mes ressentis, en tous cas je suis prête à l'écouter et à la croire elle aussi.

Son visage s'illumina à nouveau. De toute évidence, Mélanie venait de comprendre quelque chose.

— Hé, je crois que c'est ça qu'on appelle la sororité !

La même joie se dessina en réponse face à elle. Pensive, son interlocutrice réfléchit à voix haute :

— Nous sommes une. En même temps, nous sommes différentes. Notre histoire résume sans doute l'histoire des femmes. Nous sommes toutes uniques, et en même temps nous pouvons toutes nous comprendre, nous soutenir.

Quelques secondes ou quelques minutes s'écoulèrent encore, pour laisser à chacun d'eux le temps de savourer le moment présent.

Ils entendirent la porte d'entrée s'ouvrir et Romaric se détacha soudain. Sa mère et lui se ruèrent dans le hall et des cris de joie fusèrent. Carl entra bientôt dans la pièce, précédé de Romaric qui parlait du Père Noël et de ses cadeaux. Son regard ne pouvait se détacher de celui de sa femme.
— Attends un peu mon grand, tempérait-il auprès de son fils.
Carl n'aperçut pas Mélanie, qui s'enfonçait dans les coussins pour ne pas être vue ni gâcher la fête. Pourtant, aucun des trois ne lui prêtait d'attention.
— C'est parce que tu commences à disparaître, répondit Céleste restée assise à ses côtés, comme si elle avait lu dans ses pensées.
Mélanie se tourna vers la fillette.
— Déjà ?!
L'incrédulité et l'angoisse se mélangeaient dans la voix de Mélanie.
— Tu vas bientôt rentrer chez toi.
— Mais... Mais...

Ses yeux se posèrent encore une fois sur la Mélanie de cette vie. Sur son Carl, qui lui souriait timidement. Sur le petit garçon volubile.

— Je n'existe plus pour eux, parvint-elle à prononcer dans un souffle rempli de tristesse. Je n'ai même pas eu le temps de dire au revoir.

— Nous allons t'oublier. Enfin, pas totalement, ce n'est pas ce que je voulais dire...

En effet, la phrase de Céleste venait de déclencher une nouvelle salve de larmes chez Mélanie.

— Mais... je ne veux... pas vous... oublier ! sanglota-t-elle.

La petite main caressa les cheveux noirs. Avec lenteur. Avec amour.

— Nous allons oublier que tu es venue dans notre réalité. Tu seras comme un de ces rêves qui paraissent terriblement réels, glissa la voix enfantine au coin de son oreille. Tout ce que tu as fait, tout ce à quoi tu as contribué, va rester gravé en chacun de nous.

Le visage de la jeune femme se dégagea des mains dans lesquelles il s'était caché. Elle interrogeait l'enfant d'un regard en détresse.

— Je ne comprends pas... Ça n'a pas de sens. Pourquoi vous m'oublieriez alors que moi je me souviendrai de vous ?

Les yeux noisette répondirent avec compassion. Autour de Céleste rayonnait une aura de sagesse.

A-t-elle vraiment sept ans ? se questionna Mélanie.

Déception et chagrin chevillés au cœur, la jeune femme refusait l'inéluctable.

— Ce n'était qu'une illusion…? Tout ça, c'était une illusion ?

L'enfant posa une main sur chacune de ses joues. Leurs fronts se touchèrent. La respiration de Mélanie s'emballait.

— Regarde. Ressens. Écoute. Est-ce vraiment une illusion pour toi ?

La jeune femme fit non de la tête. La peau de ce petit visage qui touchait le sien au-dessus de ses sourcils. La moiteur des petits doigts, posés contre ses mâchoires. L'odeur vanillée du savon qui se dégageait encore de sa chevelure et de peau. Le son de sa voix, de celles de l'autre Mélanie, de Carl et de Romaric. La chaleur du foyer dans son dos.

— Ce n'est pas un rêve. Je ne rêve pas, j'en suis certaine. Dis-moi que je ne rêve pas…

Céleste recula un peu pour l'envelopper de son regard apaisant.

— Non, rien de ce que tu as vécu n'était un rêve.

La jeune femme se sentait perdue.

— Explique-moi.

— Tu dois te souvenir parce que c'est toi qui es venue jusqu'à nous, jusque dans cette vie. Tu es venue car tu avais besoin de nous.

— Pfff, comme si j'avais besoin de résoudre les soucis de couple des autres ! J'aurais pu aussi bien rester chez moi dans ce cas…

Céleste fronça les sourcils en souriant, un air malicieux en coin.

— Tu n'es pas venue pour résoudre les problèmes de maman. Je me trompe ?

— Je...

Soudain, Mélanie comprit.

Aussitôt, le calme revint en elle.

— Je suis venue... pour vous trois.

La pièce autour d'elles plongeait peu à peu dans un brouillard. Elles étaient seules à présent. La respiration de la jeune femme reprit un rythme normal, même si des larmes continuaient de ruisseler le long de ses joues.

— Je suis venue pour vous, répéta la femme en prenant cette fois la petite fille dans ses bras.

Elle la serra contre elle, de toutes ses forces. Céleste répondit en mettant toute son énergie dans ce câlin elle aussi. L'adieu était tellement éprouvant. Mélanie ferma les yeux. Les secondes se décomposaient en minutes, pour lui laisser le temps de graver tout ce qu'elle pouvait de cette vie qui lui manquerait tant.

— Ma vie à moi va me sembler tellement vide sans vous...

Les bras l'enlacèrent plus intensément encore.

— Tu te trompes.

— Comment ça ? renifla la jeune femme.

L'empreinte du corps de Céleste rentrait dans sa peau à force de l'étreindre. Peut-être devenait-il brumeux lui aussi. Peut-être disparaissait-elle à son tour. Mélanie refusait d'ouvrir les yeux, de réaliser que ce monde s'évaporait. Ses sens aux abois continuaient de capturer les secondes dont elle avait encore le droit de profiter. Quand la voix murmura, juste là, sur son épaule, ce fut comme si l'enfant criait dans les vallées de son âme.

— N'as-tu donc rien compris ?

Encore une fois, Mélanie répondit par la négative. Plus doux encore, les mots s'échappaient de Céleste, pareils à un filet d'eau qui se tarit petit à petit :

— J'ai toujours été là.

À l'intérieur de Mélanie, un étrange feu d'artifice éclata. De souvenirs, de sensations, de joies, d'impressions ; de plumes sur les chemins de promenade, de papillons en plein hiver, de mots soufflés à son cœur sans savoir d'où ils provenaient.

Son ventre se remémorait, revivait au fil de ces images ; il reprenait goût à l'existence et se remplissait de cet amour qui avait émergé le jour où Mélanie avait vu pour la première fois la ligne bleutée apparaître sur le bâton du test de grossesse. Et cette folie lumineuse envahissait son corps entier, colorait la moindre zone d'ombre, ravivait les fadeurs, circulait comme des petits poissons dans l'onde de la rivière fraîche et revigorante de l'été. Au-delà d'elle, le rêve s'était épaissit, alors qu'en elle tout renaissait.

Tenait-elle encore le corps de Céleste entre ses bras ? Elle n'aurait su le dire. Cependant, la voix résonna encore. Pas à son oreille, mais dans tout l'espace de son corps en effervescence.

— J'ai toujours été là.

Mélanie répondit, paroles baignées de larmes d'amour.

— Tu es déjà ma fille.

Le cœur plus vivant que jamais battait si fort dans sa poitrine.

— Je t'aime maman.

— Je t'aime Céleste. Plus jamais je ne t'oublierai.

Et Mélanie plongea dans un vertigineux sommeil.

25...

— Mon amour ?

Une voix lointaine cherchait à atteindre le cerveau de Mélanie, complètement ensommeillé. Une main lui caressait les tempes avec délicatesse. Quand elle ouvrit les yeux, elle aperçut Carl. Il lui fallut quelques secondes pour atterrir et réaliser que ce visage, ce sourire, ce regard... C'était bien *son* Carl à elle !

Elle se risqua malgré tout à fureter alentours d'un coup d'œil, à toute vitesse. Elle entendit alors son père et Aude qui discutaient avant de reconnaître les lumières, les décorations.

Plus aucun doute : elle était de retour dans sa vie !

— Carl mon chéri !

Elle se jeta dans les bras de son mari. Des larmes, encore des larmes. La mélancolie et la joie, la peine et l'amour : tout se mélangeait.

— Que t'arrive-t-il ma chérie ?

— Rien... répondit-elle, un grand sourire sur le visage. Tout va bien, je t'assure. Juste un rêve... perturbant.

Après avoir séché ses yeux, Mélanie caressa ce visage qui lui avait tant manqué.

— Tu veux m'en parler ?

Elle resta pensive un instant.

— Tu me prendrais pour une folle...

— C'est déjà le cas je te signale, la taquina-t-il.

Elle plongea son regard dans le sien. Des émotions intraduisibles se succédaient. Toute l'intensité de ce qu'elle avait traversé se trouvait encore palpable, tout autour d'eux. Voir son mari sous cette lumière nouvelle le rendait d'autant plus beau et merveilleux.

— C'était une blague mon amour ! crut-il bon d'ajouter face à cette réaction.

— Oui... Oui je sais, lui sourit la jeune femme. Et c'est pour ça que je t'aime tellement.

Il fronça malgré tout les sourcils.

— Tu es sûre que tu vas bien ?

Elle haussa les épaules, mi souriante, mi peinée.

— Ce rêve semblait tellement réel. J'avais l'impression de vivre dans une autre vie. Et quand je me suis réveillée, je n'étais pas sûre d'être revenue dans cette vie-ci. Je suis contente d'être rentrée. En même temps, j'aurais voulu rester là-bas.

Cette fois, Carl vint renifler autour d'elle à la manière d'un chien.

— Tu as trop bu ou quoi ?

— Si seulement ! ria Mélanie en le poussant en arrière.

Il se rattrapa, la saisit entre ses bras et cueillit ses lèvres. La jeune femme fut rassurée de retrouver les baisers langoureux de son mari, incomparables à celui de l'autre Carl.

— Mmm je confirme : tu n'as pas l'haleine trop chargée !

Il esquiva une nouvelle riposte avant d'ajouter :

— Je nous sers un verre si tu veux. On était sur le point de nous occuper des cadeaux maintenant que les enfants sont au lit.

— Les enfants ?

Une pointe d'espoir avait jailli dans son cœur, repensant à Céleste, à Romaric et à Timéo.

— Oui, ils étaient tous fatigués, surtout Aliénor, répondit Carl. D'après ta sœur, elle va se réveiller d'ici quelques heures...

Mélanie acquiesça en silence.

Elle y était, de retour dans sa propre dimension, avec son histoire, ses peurs, ses tristesses. Sa réaction face à sa nièce, les réflexions de sa famille, les mots de sa mère, revenaient doucement mais sûrement à sa conscience.

Pourtant, la souffrance, elle, ne revenait pas.

Mélanie sonda ses émotions. Ça piquait un peu, ce n'était pas très agréable. Mais le feu, le volcan, la jalousie, la colère et la destruction s'en étaient allés.

La voix de Carl la tira de ses pensées.

— Ça te plairait de le faire avec nous ?

— Quoi ?

— Les cadeaux des petits.

L'esprit encore flottant, elle tardait à revenir tout à fait à sa réalité. Néanmoins, une fois que la proposition fut plus claire dans son esprit, un large sourire illumina son visage.

— Oui !

Cette fois, ce fut Carl qui parut quelque peu soucieux.

— Tu es sûre que tu vas bien ?
— Oui, oui je vais bien, répondit-elle. Pourquoi tu t'inquiètes ?

Son mari lui rendit une moue déconcertée.
— Tu es... différente.
— Ah bon ? s'amusa-t-elle. Différente comment ?
— D'habitude, tu es fébrile quand on aborde le sujet des enfants. Je ne t'avais pas vue réagir de façon aussi sereine depuis... depuis ce qui s'est passé.

La bouche de la jeune femme dessina une moue d'incompréhension, ses paumes s'ouvrirent et ses épaules se relevèrent.
— Je sais, c'est étrange. Je crois que c'est en lien avec ce rêve que j'ai fait : j'ai l'impression qu'il m'a transformée. C'est bizarre, mais pour le moment je me sens apaisée.

Carl accueillit ces paroles, le regard impressionné.
— Waw ! Tu m'épateras toujours. Tu peux être fière de toi ! Je suis fier de toi.

La saveur des mots de Carl n'avait pas de prix. Elle se délecta de leur douceur, avant de lâcher un petit rire joyeux.
— Je n'ai pas à être fière : ce n'est absolument pas grâce à moi !

Pas seulement en tous cas.

Quelque part dans son esprit, elle eut l'impression de se voir épiée par trois bambins, patchwork de têtes blonde et brunes, et que leurs voix enfantines résonnaient dans la pièce.

Son mari tendit une main dont Mélanie se saisit pour se remettre debout.

— Allez, c'est parti, on a du pain sur la planche, annonça-t-il, le regard sévère.

— Tu parles, tu vas manger les gâteaux du Père Noël avec Jonas, comme d'hab quoi !

La voix de son frère s'éleva depuis la table familiale.

— Et c'est un rôle très important !

— Je ne comprendrai jamais comment vous parvenez à manger encore après les repas gargantuesques de belle-maman... souffla Claire, tout en se massant l'estomac.

Tous se mirent à préparer la maison pour Noël. L'ambiance devint festive, chaleureuse. Mélanie prit quelques minutes pour observer cette scène. Leur père avait dégainé sa célèbre playlist spéciale *Christmas* et avait invité Catherine à danser.

En observant sa mère si insouciante, l'esprit de Mélanie fut assailli de questions qu'elle n'avait jamais osé formuler. Elle se promit d'en parler avec elle. Avec celle-là même qui avait aussi perdu des tout-petits bébés.

Pas ce soir, mais un jour, elle se faisait la promesse de lui demander comment elle avait vécu ces épreuves.

À présent que son frère et son mari avait terminé de grignoter les gâteaux, ils finissaient ensemble d'emballer les paquets des enfants. Aude, de son côté, s'occupait d'organiser la pile de cadeaux autour du sapin.

Mélanie, quant à elle, prenait du plaisir à inventer une mise en scène du passage du Père Noël. Elle rajouta des miettes à l'emplacement des petits sablés dévorés ; les petites chaussettes suspendues à la cheminée furent remplies de chocolats et autres sucreries. Un livre de contes de Noël fut laissé ouvert à côté de la tasse de lait chaud, à présent vide. Plus loin, sur la table, elle composa une scène avec un rouleau de papier cadeau entamé, le ruban assorti et la paire de ciseaux, juste à côté.

Elle était occupée à écrire la réponse du Père Noël aux enfants quand sa sœur aînée se glissa à ses côtés, l'interpelant d'un petit coup de coude.

— Tu as l'air de meilleure humeur dis donc...

Mélanie ne se laissa pas déconcentrer. Pour autant, elle ne put s'interdire le petit sourire qui s'esquissa sur ses lèvres.

— Peut-être bien que oui, répondit-elle d'un ton énigmatique.

Un petit silence se fit entre elles, avant qu'Aude ne murmure son excitation à son oreille.

— Tu as une bonne nouvelle à nous annoncer ?

La main de Mélanie s'arrêta.

Sa poitrine se serra.

— Tu peux me le dire si c'est le cas, ajouta Aude, toujours sur le ton de la confidence. Je te jure que je ne le répèterais à personne si tu veux garder le secret.

Inspire, expire.

Son rêve était encore frais dans sa tête. Elle revit le visage bienveillant de Mélanie, celle qui avait eu des enfants, celle qui ne la comprenait pas et avec qui elle avait appris à ouvrir son cœur. La jeune femme avait l'impression qu'elle était là, juste en face d'elle. Qu'elle la rassurait.
Allez, lance-toi, murmurait-elle. *Si tu as réussi à me comprendre, tout le monde le peut, n'est-ce pas ? Nous sommes une, pourtant nous sommes différentes. Nous sommes toutes différentes, et en même temps nous pouvons toutes nous comprendre, nous soutenir.*
Mélanie prit une nouvelle inspiration, posa le stylo et se tourna vers son aînée. Elle prit ses mains dans les siennes. Le regard d'Aude se décomposa de questions et de doutes.
— Non, je ne suis pas enceinte.
Et avant même que sa sœur ne puisse exprimer sa déception, la jeune femme se dépêcha d'ajouter :
— Aude, j'ai une demande à te faire, vraiment très importante pour moi : est-ce que tu peux arrêter de faire comme si mes fausses couches n'avaient pas existé ?
La réponse ne se fit pas attendre. Les sourcils froncés, l'aînée s'insurgea :

— Mais... Je ne fais pas ça !
— Si, persista Mélanie, d'une voix calme. Quand tu me dis de passer à autre chose. Quand tu ne comprends pas pourquoi ça me fait mal de te voir avec Aliénor, alors que j'aurais dû moi aussi tenir un bébé dans mes bras. Ou encore maintenant, quand tu suggères que je suis enceinte, alors que je ne le suis pas, que j'essaye juste de ne pas trop penser à ce qui est arrivé l'année dernière.

Aude oscillait visiblement entre l'agacement et le désir d'être compréhensive.

— Ça n'a rien à voir avec le fait de faire comme si tes fausses couches n'avaient pas existé ! Mais bon, je peux faire attention si tu veux.

Mélanie cherchait les mots justes. Ses doigts caressaient les mains de sa sœur, ces mêmes mains qui consolaient, tenaient, câlinaient un petit être joufflu et magnifique.

L'autre Mélanie m'a comprise, je sais que tu me comprendras.

— C'est parce que...

Elle se mordit la lèvre. Trouver le courage de parler n'était pas facile. Elle ignorait si Aude serait capable de l'écouter, de ressentir ses émotions. À nouveau, le visage de son alter ego passa, pareille à une ombre, une vision. Parler comme si elle parlait à elle-même : avec son cœur.

— Je ne t'ai jamais dit à quel point ce que je vis est difficile je crois...

À ces mots, le visage d'Aude fondit de compassion.

— Non... Tu n'en parles jamais. Je me doute que c'est dur pour toi, mais chaque fois que je te demande comment tu vas, tu réponds : « Nickel ! ». J'ai essayé d'être présente comme j'ai pu, et quand je suis tombée enceinte j'ai voulu te préserver, j'avais peur de te faire du mal. Mais je ne pouvais pas te cacher toute ma grossesse non plus.

— Tu aurais eu bien du mal en effet, je t'aurais capté à des kilomètres à la ronde avec ton humeur de chacal !

Aude pouffa et Mélanie relâcha les tensions qui comprimaient sa poitrine. L'humour l'avait bien souvent aidée à dénouer des situations. Reprendre ses vieux réflexes de clown avec sa sœur était bon signe : à présent qu'elle pouvait lire dans ses yeux tout son amour et leur lien était rétabli, elle savait que tout se passerait bien.

— C'est vrai, je ne t'ai jamais vraiment parlé de ce que je traverse... Je me sens tellement mal depuis un an. Ça va, ça vient, ce n'est jamais tout à fait apaisé. Quand je pense que ça va mieux, quelque chose m'y fait penser, et les larmes reviennent. On dirait un puits sans fond, je te jure, je ne savais pas que j'étais capable de pleurer autant !

Aude écoutait en silence. Son regard accueillait pleinement chaque mot que Mélanie prononçait.

— Je me suis refermée sur moi. Je te l'avoue : je ne voulais pas entendre parler de ta grossesse, ni d'Aliénor. Et en même temps, je rageais d'être tenue à l'écart, alors que c'est moi qui t'aie fuie la première.

— Ma puce...

La main fraternelle se posa sur son épaule, prête à la prendre dans ses bras. Mélanie plongea dans son empathie et son regard, comme elle s'était souvenue d'avoir plongé dans ceux de son double.

— Je m'en veux, si tu savais. Je t'aime si fort ! Et Aliénor, elle est tellement mignonne... Vous n'y pouvez rien si je souffre. Mais c'est un fait que je ne peux plus éluder, que je ne veux plus cacher : je souffre. Ce qui fait que j'ai parfois besoin de prendre de la distance. Mais ce soir, je me rends compte que t'avoir à mes côtés me fait aussi du bien...

— Mel chérie, je suis sûre que tu auras bientôt un bébé en bonne santé pour te redonner le sourire !

Elle avait toujours aimé qu'elle utilise ce surnom. Il en disait long sur son désir de la réconforter. Un faible soupir s'échappa de sa bouche.

— Non, en réalité on ne sait pas si ça fonctionnera. Je n'ai aucune boule de cristal pour te le prédire. J'ai déjà perdu trois grossesses. Tu penses bien que l'espoir s'est fait la malle avec...

— Tu dois garder espoir !

— Je dois surtout faire face à l'absence de ces enfants, Aude. Je dois être courageuse et dire au revoir. Ils ne reviendront jamais, et c'est eux que je voulais. Je n'en voulais aucun autre. Tu vois, c'est pour ça que j'ai parfois l'impression que tu nies leur existence : pour moi, ils sont réels, ils sont déjà mes enfants, pas juste des petits incidents de la vie, pas juste des cellules. Je ne peux pas, je *ne veux pas* les remplacer. Quand je retomberai enceinte, il sera le quatrième... Et il peut aussi mourir. Oui, je sais que c'est bizarre de penser ainsi. Ce n'est pas du défaitisme, au contraire c'est une réalité pour moi : les bébés peuvent mourir Aude. Je l'ai vécu dans ma chair, c'est mon utérus qui a servi de cercueil. Quand j'aurai un enfant en vie, je sais qu'il me remplira de l'amour et de la joie dont je manque tant en ce moment. Pour autant, jamais il n'effacera ceux que j'ai perdus.

Toujours sans un mot, la main d'Aude pressait sa clavicule. Mélanie ne parvenait à décrypter les expressions qui se dégageaient d'elle.

— Est-ce que tu me comprends ? hasarda-t-elle.

Elle dévisageait sa grande sœur, inquiète de sa réponse. Celle-ci s'approcha et la serra dans ses bras. Aussitôt, Mélanie se sentie happée par sa chaleur et les larmes coulèrent.

— Encore !!! pesta-t-elle contre elle-même, dans une tentative vaine de ramener de l'humour.

Aude déposa une bise sur sa joue et susurra à son oreille :

— Merci de me dire tout ça.

Mélanie comprit qu'elle pouvait se laisser aller. Laisser tomber les masques. Briser le Plexiglas de sa bulle. Que ces bras la soutiendraient quoi qu'il advienne. Ce n'étaient plus les émotions de cette triste journée d'anniversaire qui provoquaient ces pleurs, sinon la présence de sa sœur en qui elle pouvait avoir à présent pleinement confiance. Elles restèrent quelques minutes encore, collées dans les bras l'une de l'autre.

Une autre étreinte vint s'ajouter alors à la leur. De grands bras chauds, les tenant toutes les deux. Jonas peut-être ? C'était bien son parfum qu'analysait Mélanie.

Elle eut à peine le temps de ressentir de la gratitude pour son frère qu'une autre personne venait à présent se coller contre son dos. Carl cette fois. Sa respiration reconnaissable entre mille ne lui laissait que peu de doute.

Et une autre accolade.

Et une nouvelle.

Mélanie se demanda combien les avaient rejointes. Elle gardait les yeux fermés pour perpétuer les sensations de douceur et d'amour : ils étaient, à cet instant, les ingrédients qui les maintenaient reliés. Ils étaient aussi les ingrédients de sa renaissance. Elle s'en nourrissait autant que possible.

Lorsque les bras se desserrèrent, Mélanie regarda autour d'elle : ils étaient tous là. Sans exception. Même son beau-frère et sa belle-sœur avaient apporté leur soutien. Dans leurs regards, l'amour et la joie, colle invisible, continuait de former des liens entre eux.

Je ne suis plus seule. Je ne me sentirai plus jamais seule.

...ÉPILOGUE...

1er décembre 2023

Mélanie se regarda dans le miroir, sous toutes les coutures.
Il manque quelque chose... Mais si je change encore un seul truc, je ne vais jamais décoller.
Soupir. Le stress grandissait de minute en minute.
— Ça va le faire, ça va très bien se passer, répétait-elle en boucle.
Carl, encore mouillé de sa douche, se colla nu contre elle pour l'enlacer.
— Ah non arrête, je vais être trempée !
— Tu es parfaite ma chérie ! Ça va très bien se passer, j'ai confiance en toi.
Les muscles de Mélanie se relâchèrent et sa tête se déposa sur le torse humide de l'homme de sa vie. Les yeux fermés, elle se laissa aller à apprécier les baisers qu'il glissait dans son cou. La chaleur qui montait dans la pièce faisait gonfler leur désir.
Un désir spontané.
Un désir qu'elle ne cherchait plus à contrôler, ni à réfréner, ni à provoquer.
Ne plus regarder le calendrier. Ne plus trop se fier aux symptômes de son corps. Ne plus imposer les

moments d'intimité, mais les savourer lorsqu'ils se présentaient.

Alors qu'ils s'embrassaient à pleine bouche, quelques-unes des questions habituelles passèrent sur l'écran de ses pensées.

Où en suis-je dans mon cycle ?
Et si cette fois était la bonne ?

Elle les identifia avant de les imaginer repartir de son esprit, semblables à des nuages dans le ciel, comme elle s'était entraînée à le faire par la méditation.

Bien sûr que, par moments, les vagues revenaient : tout n'était pas toujours rose, loin de là. À la différence qu'à présent, elle avait conscience que chaque tempête était passagère, qu'un épisode de douceur revenait toujours ensuite.

Une fois débarrassée de ses peurs et les questions éloignées, elle revint à son corps, aux sensations grisantes de la bouche de son mari sur sa peau, de leurs sexes en attente l'un de l'autre. Les *et si* s'évaporaient, le plaisir pouvait monter. Le goût de vivre chaque seconde avec l'envie d'en profiter sans contrainte ni barrière prenait toute la place.

En démarrant sa voiture, Mélanie lança un sourire béat à son imparfaite image dans le miroir du pare-soleil. Ses cheveux étaient grossièrement retenus par un pic en bois, son maquillage s'était quelque peu terni sous la sueur de leurs ébats matinaux et la douche qui avait suivi.

Pourtant, elle se trouva belle. Un sourire d'un bout à l'autre de son visage. Vivante.

Une nouvelle fois, une de ces pensées qui étaient son lot quotidien franchit le seuil de son mental :

Si cette fois était la bonne, ça serait une bien jolie fois...

Puis la pensée s'en alla avec les nuages, pour laisser Mélanie revenir au moment présent, à sa fierté face à cette année écoulée.

Et quelle drôle d'année depuis ce rêve étrange !
Son permis de conduire en poche.
La prise en main de son bien-être.
Les rendez-vous chez un psychologue, pour elle et pour Carl, seuls ou à deux.
Plusieurs séances avec une énergéticienne.
Leurs vacances au ski, sport qu'elle s'interdisait depuis le début de leurs essais bébé.
Le bilan professionnel, qui avait bien avancé.

Aujourd'hui était une nouvelle étape dans ce processus et il lui tardait de la franchir. Rétroviseur réglé, Mélanie jeta un coup d'œil aux places arrières, d'apparence vides. Puis, d'une voix joyeuse, lança :

— Allez, c'est parti mes amours ! Souhaitez-moi bonne chance !

Et comme à chaque fois qu'elle s'adressait à eux, elle imaginait les trois visages joufflus et leurs voix en réponse, à l'intérieur, autour de son cœur, qui illuminaient ce jour gris de décembre qu'elle voulait graver dans son esprit.

Elle entra dans la salle presque tremblante, s'interdisant de faire machine arrière.
— Mélanie, c'est ça ?
Un grand regard vert l'accueillit. Les rides aux coins des yeux encadraient un sourire radieux.
— Oui, oui c'est moi. Bérengère ? questionna-t-elle en pointant du doigt ce petit bout de femme pétillante, aux cheveux courts et désordonnés.
— Bien joué, tu es au bon endroit ! Ah j'étais sûre que c'était toi ! Parfois je ne suis pas certaine de reconnaître les gens par rapport aux photos de leurs réseaux sociaux. Toi, tu es exactement comme je t'avais imaginée.
Mélanie ressentit un petit malaise face à ce compliment, bien qu'il réchauffât son thorax instantanément.
— On n'attendait plus que toi pour commencer, bienvenue !
Le stress de la nouveauté retombait déjà en compagnie de cette femme à la bonne humeur contagieuse.
Celle qui se prénommait Bérengère lui montra où s'installer. La salle accueillait généralement des cours de yoga, on pouvait s'asseoir au sol, sur de gros coussins moelleux et s'enrouler dans des plaids. Les autres femmes se montraient déjà prêtes, en tailleur sur les tapis, un cahier et quelques stylos à

portée de main. Elles étaient cinq, toutes trop happées par leurs discussions pour faire attention à Mélanie.

— Une thé ? Une tisane ? Un café ?

Bérengère avait de toute évidence le don de faire se sentir immédiatement à l'aise en dépit de cet environnement encore inconnu.

Une tasse à la main, Mélanie rejoignit le cercle formé par les stagiaires dont elle ferait désormais partie. Plusieurs tournèrent alors la tête vers elle pour lui souhaiter un bonjour. Encore en prise au trac, la jeune femme répondit d'un sourire nerveux et mécanique.

Elle avait hâte de se détendre tout à fait, de découvrir ces nouvelles personnes. Leurs histoires aussi. Peut-être seraient-elles similaires à la sienne ?

Depuis son « rêve » comme elle l'appelait — pour ménager ceux que le concept de vie parallèle aurait fait se hérisser les cheveux sur la tête —, son besoin d'être entendue et comprise n'avait fait que croître. Elle avait fini par trouver ce soutien autour d'elle, en avait saisi la cruelle importance.

En ce jour, elle posait un nouveau jalon : celui d'être, à son tour, celle qui écoute et comprend les autres couples touchés par cette épreuve.

Ce qu'elle avait vécu lors de cet étrange phénomène survenu au Noël précédent ne devait pas rester sans suite : pour la première fois de sa vie, elle s'était sentie utile, à sa place, aux côtés d'une femme démunie par la maternité.

L'idée avait fait son chemin, jusqu'à ce qu'elle tombe sur l'annonce d'une association de soutien au deuil périnatal en recherche de bénévoles. Elle proposait une formation à l'écoute et à l'animation de cercles de parole.

Il lui avait fallu une semaine pour réfléchir. Le projet hantait son esprit chaque minute de ses journées, à peser les pour et les contre, à écouter ses peurs et ses doutes, à se triturer le cerveau pour l'étudier sous tous les angles.

Et aussi une semaine de papillons dans le ventre, d'évidences, de joie à se prendre à rêver à ce nouvel avenir. Elle en avait discuté longuement avec Carl, qui l'avait poussée à s'écouter et à prendre contact avec la formatrice.

Lorsque Mélanie avait fini par l'appeler et que la question « *Alors, est-ce que tu souhaites nous rejoindre ?* » avait été posée, elle réalisa que la réponse était déjà là, prête, et n'attendait plus qu'à être assumée.

Une petite réorganisation avec son boulot et tout était calé : elle était inscrite pour la prochaine session qui débutait ce jour-ci !

Plus son tour de présentation approchait, plus son pouls s'accélérait.

Qu'est-ce que je vais bien pouvoir dire ? Que vont-elles penser de moi ?

L'une d'elles pleura à chaudes larmes en racontant la perte de sa fille, Lou, à huit mois de grossesse. Mélanie était partagée entre l'envie de courir vers elle la serrer dans ses bras et celle de se terrer dans un trou de souris.

La suivante avait traversé l'épreuve de l'interruption médicale, ayant ainsi dû mettre un terme à la vie de son petit Auguste.

Mélanie ne s'attendait pas à autant d'émotionnel dès le premier tour de parole. Aurait-elle le courage de supporter ces témoignages poignants à chaque rencontre ? Avait-elle la carrure d'une bénévole ? Elle se rongeait les ongles en imaginant les réactions des autres participantes lorsqu'elle raconterait son histoire.

Lorsque ce fut son moment de parler, le poids des regards tournés vers elle lui fit regretter sa venue.

— J'aimerais commencer en disant que mon histoire n'est absolument pas aussi terrible, je me rends compte qu'il y a tellement pire que moi... Je ne sais pas ce que je fais ici, c'était indécent de ma part, s'excusa-t-elle.

Bérengère l'interrompit :

— Nous avons bien posé le cadre : aucun jugement sur l'histoire de chacune. Chaque vécu est légitime. On peut avoir vécu exactement le même drame, et vivre des émotions complètement différentes les unes des autres. Tu serais étonnée de savoir que certains couples qui perdent leur bébé à cinq ou six mois de grossesse le vivent parfois mieux que certains ne traversent des arrêts de grossesse précoces, des fausses couches. Vous êtes toutes uniques. Nous t'écoutons, ton histoire est la bienvenue.

Mélanie jeta un regard autour d'elle. Après les mots de la formatrice, chacune des femmes acquiesçait, mettant en application le concept de bienveillance exposé en début de journée.

Elle se sentit accueillie. Pour de vrai. Ces regards, elle les avait déjà croisés : ils étaient là eux aussi pour la soutenir.

Quelque part dans la pièce, la présence douce et calfeutrée de sa double se fit ressentir. C'était une sensation, une image dans ses pensées. Qu'elle soit réelle ou pas, cela n'avait aucune importance. Ces ressentis lui apportaient un puissant réconfort dont elle avait grand besoin. Elle imagina ensuite les regards tendres et taquins des petits Romaric et Timéo, que la situation aurait sans doute amusé. Et Céleste, quant à elle, s'approcha pour poser une main sur la sienne.

Nous sommes là. Tu vas y arriver.

Après avoir laissé infuser en elle leur présence, enfin, elle se sentit prête.

— Je m'appelle Mélanie. J'ai vécu quelque chose qui paraît banal à beaucoup : plusieurs fausses couches. Banal, je croyais que ça l'était en tous cas. Mais non. J'ai horriblement souffert. Et si je suis là aujourd'hui, c'est parce que je ne veux plus qu'aucune femme qui vit cela ne se sente incomprise et illégitime de ressentir cette douleur.

24 Décembre 2030

Décembre s'était installé dans la froideur et Mélanie se surprit à espérer que la neige tombe à nouveau cette année. Elle revoyait les réactions et les rires de Céleste, Romaric et Timéo lorsqu'ils avaient vu la pluie de flocons la veille du Noël précédent. À la perspective de revivre une nouvelle bataille, elle se demanda s'il n'était pas plus simple de prendre des vacances à la montagne pour concrétiser cette vision.

Les enfants adoreraient !

Elle réfléchissait à cela quand sa mère frappa à la porte de la chambre où elle était venue se réfugier ces deux dernières nuits.

— Tu es prête Mel chérie ?

— Oui maman, j'arrive.

Elles se rendirent ensemble au supermarché, se répartirent les courses à effectuer notamment pour l'organisation du repas familial du lendemain. Sa mère s'était envolée avec son caddy, à la vitesse de la lumière, laissant Mélanie, perdue dans ces rayons qu'elle connaissait peu.

Je suis vraiment à l'ouest en ce moment... se reprocha-t-elle.

Son cerveau fonctionnait tellement au ralenti que la moindre tâche lui prenait un temps considérable. Elle passait à côté d'une allée et réalisait dix mètres plus loin que c'était celle où se trouvaient les aliments qu'elle cherchait.

Sans doute était-ce dû à la fatigue de fin d'année. Entre le travail, les enfants, les fêtes de Noël à organiser, les jours de plus en plus courts, elle ne manquait pas d'excuses.
Je devrais refaire une cure de vitamines...
Et puis, elle devait s'avouer que certains soucis avec Carl restaient à l'ordre du jour. Bien qu'elle ait pris en main sa santé mentale, leur couple cherchait encore la voie de l'équilibre. Au fil des mois, elle avait malgré tout appris à apprivoiser plusieurs nouvelles identités : la sienne d'abord, transformée par les maternités et la dépression, mais aussi celle de son mariage.

Les choses s'amélioraient, elle pouvait le constater. Ils avaient même retrouvé une sexualité. Ce n'était pas encore débridé ni régulier. Il n'en restait pas moins un des indicateurs les plus parlants de leur désir renaissant.

L'objectif premier restait néanmoins sa santé : retrouver de l'énergie, se reposer, faire cesser l'agitation mentale perpétuelle.

Je n'aurais peut-être pas dû prendre ces quelques jours off... ressassa-t-elle, une pointe de culpabilité au bord du cœur d'être venue loger deux jours chez ses parents en attendant que Carl et les enfants ne l'y rejoignent.

À peine ces paroles prononcées dans sa tête qu'elle se tapa la main : c'était le geste qu'elle avait ancré pour réprimer ce sentiment toxique. Il n'avait plus sa place désormais. Elle avait conscience de ses limites et aussi de ses compétences. Son mari avait l'habitude de s'occuper des petits, elle devait juste apprendre à se dire *oui* lorsque son besoin de solitude se faisait sentir.

Quand vous dites non à quelqu'un, vous dites oui à vous-même.

C'était les mots de son psy et Mélanie les avait écrits au surligneur fluo dans son cerveau pour se les rappeler à tout moment.

Je dis un peu non à mes enfants, je me dis oui à moi-même.

Elle divaguait ainsi tout en tâchant de suivre la liste de courses, quant au détour des mouchoirs et rouleaux de papiers toilettes elle tomba nez à nez avec les tests de grossesse. Son corps se figea. Après de longues secondes d'immobilité, la fatidique question se matérialisa enfin :

Attends, depuis quand je n'ai pas eu mes règles ?

Sa tête refusait d'admettre cette probabilité.

C'est impossible... On ne l'a fait qu'une fois ce mois-ci... je crois... Ou le mois dernier... Oui, dans la salle de bain, c'est ça... C'est impossible... C'est impossible...

Elle saisit une boîte, la cacha honteusement sous les paquets de chocolats pour enfants et les sachets de pâtes. Jusqu'à la caisse, ce fut un débat incessant entre « *ça ne doit pas être ça* » et « *mais si, c'est évident enfin !* », « *mais non, ça ne se peut pas* », « *mais si, ça se peut...* ».

Tout d'un coup, elle se reconnaissait dans tous les symptômes de la grossesse.

C'était vrai que ses seins étaient plus lourds depuis plusieurs jours. Certes, c'était souvent le cas à l'arrivée de ses menstruations, mais ils s'étaient particulièrement arrondis quand même.

Et cette fatigue, ces oublis permanents, cette impression de ramer pour organiser la moindre journée de façon cohérente...

Une fois la possibilité d'une nouvelle grossesse bien installée dans son cerveau, le dialogue prit une autre tournure. Tout en déposant les aliments et les décorations de table sur le tapis roulant, sa conscience commença à se déchirer à l'idée de replonger dans l'épreuve de la dépression dont elle commençait tout juste à sortir.

— Vous avez la carte du magasin ?
— Pardon ?
— La carte du magasin ? répéta la caissière.
— Non je ne l'ai pas.

Sur le chemin du retour, son dialogue intérieur l'empêcha d'entendre parler sa mère.

Garder cet enfant. Je n'en serai pas capable... Ne pas le garder. Je ne sais pas... Mais si ça se trouve, je ne suis même pas enceinte !

— T'es pas d'accord ?
— Quoi ?
— Tu ne m'as pas écoutée ! en conclut sa mère, vexée.

Et encore, heureusement que c'est elle qui conduit ! pensa Mélanie avant de s'excuser tout en serrant contre elle son sac à main et le test de grossesse caché à l'intérieur.

— Désolée maman, j'avais la tête ailleurs...
— Tu as l'air préoccupée ?
— Un peu oui.
— C'est à cause de vos soucis avec Carl ?
Un profond soupir lui échappa.
— D'une certaine manière. Mais rassure-toi quand même, ça va beaucoup mieux depuis quelques mois.
— Tu ne veux pas me dire ce qui te tracasse ?
Détourner la conversation devenait crucial : sa génitrice était pire qu'un détecteur de mensonges !
— C'est juste l'organisation de ce repas de Noël et le fait que je n'aie pas encore trouvé tous les cadeaux des enfants, mentit Mélanie.

Négatif.
C'est négatif.
C'est né-ga-tif !
Assise sur la cuvette des toilettes, face à ce verdict, Mélanie ne savait si elle devait être heureuse ou triste.

Certes, elle ne s'imaginait plus avoir d'enfant, c'était très clair pour elle. Elle sortait seulement la tête de l'eau, ce n'était pas pour en reprendre trois années de calvaire — au bas mot.

D'un autre côté, c'était dingue la vitesse à laquelle une nouvelle vie pouvait s'être fait une place dans son cœur. Le soulagement se mêlait à la nostalgie de ne plus revivre les moments de la prime enfance de ses trois enfants qui, même s'ils l'avaient poussée dans ses retranchements les plus sombres, lui évoquaient aussi des souvenirs tendres et déjà si lointains. Céleste avait déjà huit ans. Romaric venait de quitter la maternelle. Timéo avait fait sa première rentrée. Le temps filait...

Pourtant, un cri intérieur hurlait en elle : « Maintenant, c'est ton tour ! Tu t'es bien occupée d'eux, tu y as laissé beaucoup de plumes. C'est légitime aujourd'hui de vouloir vivre ta vie ! »

Oui, oui je suis légitime.

C'était mieux pour elle, pour Carl, et même pour les petits. Elle avait déjà tellement à réapprendre depuis un an et sa prise de conscience !

Elle avait réappris à s'écouter, à donner de la légitimité à ses émotions.

Elle avait dû apprendre à jouer avec ses trois enfants, apprendre à sortir des théories et à *vivre.*

Chaque fois qu'elle faisait à nouveau face à la culpabilité de ne pas être une assez bonne mère, de ne pas être assez présente, de ne pas faire assez bien pour ses enfants, ce rêve étrange qu'elle avait fait un an auparavant lui revenait à l'esprit.

Un rêve dont elle était sortie changée.

Depuis, la présence de cette autre femme, cette Mélanie d'une autre vie, accompagnait ses doutes et remises en question. Au moindre doute, elle invoquait le souvenir de son regard bienveillant, de la compassion qui émanait d'elle.

Surtout, lui revenait en mémoire son douloureux parcours, la souffrance palpable de ne pas avoir d'enfant en vie. Ce qui avait pour effet immédiat de remplir sa jauge de gratitude à elle, qui avait la chance que ses trois petits soient bien là. Leurs câlins, leurs rires, les voir courir, danser, crier, étaient un spectacle bien trop précieux pour qu'elle ne s'en émerveille plus. C'était le cadeau qui lui restait de cette rencontre avec son double : vivre chaque moment, tant pis s'il est imparfait, pourvu qu'il soit vécu avec amour.

Alors qu'elle se rassérénait enfin face au bâton, elle crut ressentir la présence de cette femme. Elle pensait souvent à elle, mais cette fois la sensation qu'elle se trouvait ici, juste à côté, lui parut plus intense que d'habitude.

— Tu es toujours là pour moi... se murmura Mélanie comme à elle-même.

Cependant, quelque chose clochait. Ce n'était pas de la réassurance qui se dégageait du souvenir de son autre, mais plutôt un trouble.

Mélanie ne comprenait pas les émotions qui chahutaient son ventre. D'une main, elle le massa et son regard se posa à nouveau sur le bâtonnet. Toujours une seule barre à l'horizon. C'était à n'y rien comprendre.

Dubitative, elle releva la tête et croisa sa tête dans le miroir. Elle mit plusieurs secondes à comprendre ; son reflet restait penché sur le test de grossesse. Une lumière, un espoir, s'alluma dans le cœur de Mélanie.

— C'est toi ? Tu... Tu es revenue ?

Son image releva la tête vers elle. C'était bien elle, la jeune femme qui avait bouleversé sa vie un an plus tôt.

Mélanie perçut immédiatement l'effroi et l'agitation dans ses yeux.

— C'est toi ? C'est vrai ? C'est possible ? demanda le reflet.

Mélanie acquiesça, un sourire aux lèvres, sourire que ne lui rendit pas son autre. La terreur se dessinait sur son visage et elle avait visiblement du mal à respirer.

Tout fut clair pour la mère de famille. Elle comprit la situation et sut ce qui lui restait à faire : être présente pour celle qui, à quelques vies de là, venait de voir s'afficher la deuxième barre sur le bâton de l'espoir.

— Tu es enceinte, c'est ça ?
— Je... Je crois.

Les mots peinaient à sortir de sa bouche.

— Tu crois ? répéta Mélanie.
— Il y a deux barres...

Sa main barra soudain ses lèvres, comme si elle voulait retenir ce qui allaient en sortir. Comme si elle avait besoin de temps pour s'avouer la vérité.

— Putain, je suis enceinte !

— Et... c'est une bonne nouvelle ? hasarda la première.

L'autre secoua la tête.

— Je ne sais pas... J'ai tellement peur que ça ne marche pas cette fois encore.

L'instinct maternel de Mélanie l'aurait poussée à venir jusqu'à cet être pétrifié et à la prendre dans ses bras si le miroir et un espace temporel indéfini n'avaient pas fait barrage. Sans contact possible, il lui fallait convaincre par sa voix, par son attitude. Elle devait y mettre toute sa foi.

— Moi, je sais que ça ira !

Son reflet se rembrunit.

— Non, tu ne peux pas le savoir... Personne ne sait. Si ça se trouve, je vais encore le perdre. Et je ne m'en remettrai pas cette fois. Je ne veux plus vivre ça, gémit-elle, au bord des larmes. Mais là, je ne peux plus reculer.

— Mélanie, regarde-moi.

La jeune femme la fixa, le menton tremblant.

— Je sais des choses car je suis toi, et que tu es moi, tu te souviens ? Je n'ai pas dit que ça serait facile, ou que c'était sûr et certain que ton bébé naisse bien vivant cette fois, même si je te le souhaite de toute mon âme. Par contre, je suis sûre d'autre chose, et c'est l'évidence même ! Tu ne vois pas ?!

La jeune Mélanie secoua ses boucles brunes. La mère de famille lui tendit un sourire doux, empathique.

— Je ressens ce que tu ressens en ce moment. Et ce truc-là, qui te triture les tripes, tu ne comprends pas ce que c'est ? Moi, je connais bien ça. Cette trouille que tout s'arrête. Ton cœur qui bat à t'en exploser les oreilles. Cette manière de repousser les émotions, de ne pas écouter ce qui est là. Ta façon de l'esquiver. Tu te dupes toi-même !

Son alter ego resta muette, vraisemblablement incapable de répondre quoi que ce soit.

— Tu l'aimes déjà ! conclut Mélanie. C'est évident que tu l'aimes déjà !

Face à elle, une mine décomposée accusa chaque mot de cette phrase.

— Comme Céleste, Romaric et Timéo, continua Mélanie. Tu les as aimés dès que tu as vu cette barre sur le test. Tu peux faire tout ce que tu veux, te raconter toutes les histoires du monde, te laisser convaincre par tes peurs, qui sont légitimes bien sûr. Mais arrête de te voiler la face et assume ce que tu ressens ! Quoi qu'il arrive, il est déjà là. Et l'amour aussi est déjà là.

24 Décembre 2023

La jeune femme fixa encore le bâtonnet. Peut-être avait-il changé de verdict ? Les deux lignes continuaient de la narguer, plus apparentes que jamais. Le silence de ses émotions comblait le vide de la pièce.

Lorsqu'elle releva la tête pour retrouver sa double d'une autre vie dans le miroir, Mélanie n'y vit que son visage, ainsi que l'effroi lisible sur ses traits.

Inspire.

Expire.

Deux barres. Elle ne rêvait pas.

Les mots de la maman de Céleste, Romaric et Timéo tournaient en boucle dans sa tête. Elle allait avoir besoin de courage. Quoi qu'il arrive. Quelle que soit l'issue. Les dés étaient jetés, elle ne pouvait plus revenir en arrière. Elle lâcha le test, posa ses mains sur son ventre. Une chaleur tendre enveloppa ses épaules. *Mes petits anges gardiens*, songea-t-elle, plus émue que jamais.

Inspire.

Expire.

Qu'ai-je à perdre finalement ? C'est déjà trop tard.

Elle se força à sourire tristement à son reflet avant de fermer les yeux. En se centrant sur les mouvements de son abdomen, elle reprit contact avec sa respiration, la laissa ralentir.

— Salut toi, parvint-elle à laisser sortir de sa gorge encore nouée. Tu ne me connais pas encore, enfin je crois. Bienvenue ici.

Un petit rire la saisit.

— Je devrais plutôt dire : bienvenue au pays de l'angoisse ! ironisa-t-elle. Je te jure que je fais de mon mieux pour t'accueillir comme il se doit. Ça devrait être dans la joie et l'insouciance. Pardon si ce n'est pas la fête que tu mérites...

Quelques larmes se mirent à glisser jusqu'à son menton.

— Il faut dire qu'avant toi, mon utérus a déjà été visité trois fois, sans trouver véritable preneur. Alors, tu comprendras qu'après ces lourdes déceptions, j'ai du mal à croire qu'un locataire puisse un jour aimer vivre ici, au creux de moi. Et voilà que tu viens prendre le bail, continua-t-elle, son sourire revenu avec la chaleur grandissante dans sa poitrine. Je sais, ça manque un peu de la lumière ici. Tu risques de trouver le climat un tantinet frisquet. Je te promets de faire des rénovations et d'y remettre des couleurs. Mais ça va me demander un peu de temps je pense...

À présent, Mélanie laissait ses mains se déplacer sur son ventre.

— On ne va pas se cacher les choses toi et moi. Je n'ai qu'une envie, qu'un seul rêve, qu'un seul souhait : que tu restes dans mon utérus jusqu'à ce que tu sois en capacité de vivre ! Je te dirais bien que je l'inscris noir sur blanc dans le contrat de location, mais je ne veux pas te faire fuir.

Elle rit, nerveusement, de sa propre métaphore.

— De toute façon, c'est toi qui a les clés, je ne suis plus décisionnaire.

Elle prit quelques secondes de répit pour essuyer ses joues.

Avait-elle d'autres choses à lui dire ? Oui, elle savait déjà ce qu'elle pourrait ajouter.

— Je tiens à te prévenir. Les autres locataires n'ont peut-être été que de passage, mais je peux te dire qu'ils ont tous un hébergement à vie dans mon cœur. Ça, c'est non négociable ! D'ailleurs, je crois bien que tu viens d'y entrer aussi, s'avoua-t-elle.

Cette fois, elle n'eut pas à se forcer à sourire.

— Et ce coin-là, tu vas voir, est tellement plus confort et cosy que mon utérus. Parce que...

Les mots que Mélanie s'apprêtait à prononcer s'arrêtèrent net. Elle faillit les ravaler, avant de s'y résoudre. Ils n'étaient pourtant pas si difficiles à conceptualiser, c'était même d'une simplicité enfantine. Il fallait être un adulte, avoir tant souffert, pour ne pas réussir à les extérioriser. C'était comme être face à une porte déjà ouverte et se donner à croire qu'elle était fermée.

Que c'est con un adulte ! se reprocha-t-elle.

Ses dents mordirent sa lèvre inférieure.

Le goût d'une larme parvint à sa bouche.

Les yeux toujours clos, plissés, à la recherche de sa force intérieure.

Le doux sourire de Céleste arriva en renfort. Ses iris noisettes, brillants, remplis d'innocence.
Inspirer.
Expirer.

Et sauter dans le vide.
Désespérément.
Amoureusement.
— Parce que je t'aime déjà... Parce que, quoi qu'il advienne de ta vie : je suis déjà ta maman.

~ Fin ~

REMERCIEMENTS

Chère lectrice, cher lecteur,

Un immense merci d'avoir partagé avec moi ce récit.

J'espère de tout mon cœur qu'il vous a plu et vous a transporté comme il me transporte, et que mon univers rempli de magie vous a conquis !

J'ai hâte d'échanger autour de vos ressentis, retours, vos avis : je me ferai un plaisir de les lire et d'y répondre ! Vous pouvez pour cela laisser des commentaires sur des posts Instagram ou Facebook, sur la plateforme où vous avez acheté le roman, ou encore sur mon site internet :

www.aureliebianchi.com.

En tant qu'autrice en auto-édition, votre soutien est mon plus grand allié. Plus vous partagerez mon roman, plus vous laisserez de commentaires positifs, plus il a de chances de se faire connaître d'un large public.

Merci pour toute cette belle aventure que vous me faites déjà vivre !

Merci pour toutes les aventures à venir car je sais que ce n'est que le début.

MERCI à mon mari chéri de croire en moi ! Merci de ton amour inconditionnel, de voir en moi une autrice, même si tu ne lis pas — encore ! — mes histoires. Tu n'imagines pas comme ta confiance m'a portée ces derniers mois ! Les mots seront toujours insuffisants pour te dire combien je t'aime.

MERCI à mes enfants adorés ! Merci à vous de m'avoir permis de devenir la femme que je suis aujourd'hui. Vous m'inspirez tellement.

MERCI à tous les relecteurices et correcteurices, et tout particulièrement à Anaël Train qui m'a apporté une aide considérable et que je ne remercierai jamais assez ! Merci de ton soutien d'auteur et d'ami, de ton regard bienveillant, des remarques et conseils qui m'ont aidée à améliorer mon texte, à me sentir fière de moi.

MERCI aussi à toutes les autres perles qui m'ont lues et m'ont fait des retours : Caroline Gabès, Amel Léger, Virginie Tef, Océanie Leborgne, Sarah Betton, Morgane Benamou, Marie Pascual, Caroline Buttay, Ophélia.

MERCI aux femmes qui m'ont livré leurs histoires depuis des années. C'est pour vous toutes, nous toutes, que je parle de ce sujet qui me tient à cœur : le deuil périnatal. Chaque récit a marqué mon âme. Ce roman se veut aussi un hommage à vous toutes, à vos chemins et à vos étoiles.

J'espère avoir été à la hauteur.

MERCI à vous toutes qui me suivez sur les réseaux et qui me soutenez sans relâche. Vous êtes la meilleures des communautés, et les mots sont faibles ! J'ai une chance immense de vous avoir à mes côtés.

Et, enfin, MERCI à ma Loreleï, mon étoile, mon inspiration, ma fée ! Tu fais partie de ma vie, merci d'y être et de la rendre si merveilleuse !

RESSOURCES

Peut-être faites-vous partie de ces personnes touchées par l'arrêt précoce d'une grossesse. Fausse couche, grossesse extra-utérine, œuf clair, grossesse molaire... Quelle que soit son nom, il s'agit bien souvent d'une épreuve pour les couples.

Il me semblait important de pouvoir laisser ici des ressources pour que vous puissiez trouver du soutien, une écoute, pour que vous vous sentiez légitimes et reconnus.

Voici une liste, non exhaustive, de contenus divers abordant le sujet de l'arrêt de grossesse précoce, et plus largement du deuil périnatal.

Livres :

Daronne, La grossesse dure un an, Emy Letertre, Albin Michel, 2023

Mes presque riens, Mathilde Lemiesle, éditions Lapin, 2021

Une fausse couche comme les autres, Sandra Lorenzo, First, 2022

Parents orphelins, Sophie de Nanteuil, Hachette Pratique, 2021

Mes étoiles et mon futur, Lætitia Rimpault, Auto-édition, 2022

Donne-moi des fils ou je meurs, Maud Jan-Ailleret, Grasset, 2019

Cicatrices, quand l'enfant ne vient pas, Victor Point & Estelle Dautry, auto-édition, 2023

Deux corbeaux et une cigogne, Diane Léonor, Michalon, 2021

Trois mois sous silence, Judith Aquien, Payot, 2021

Au moins t'en as déjà un, Ambre Isaac, Atramenta, 2021

La Petite Graine qui n'avait pas poussé, Aurélie Bianchi, auto-édition, 2021

Podcasts :

Au Revoir Podcast, Sophie de Chivré, disponible sur toutes les plateformes d'écoute

Luna Podcast, épisode 3, Fanny De Fontreaulx et Anna Ndiaye, disponible sur toutes les plateformes d'écoute

Confidences de Fausses Couches, Flavie & Marie, disponible sur YouTube

Bliss Stories, épisodes 122, 32, 26, Clémentine Galley, disponible sur toutes les plateformes d'écoute

Gloria Mama, épisodes 13, 9, 3, Diane Léonor, disponible sur toutes les plateformes d'écoute

Alors c'est pour bientôt ?, épisodes S2 E12, S2 E8, Anne-Fleur Andrle, disponible sur toutes les plateformes d'écoute

Comptes Instagram :

@mespresquesriens

@a_nos_etoiles

@aurevoir.podcast

@lunapodcast